Alexander von Schönburg
Der grüne Hedonist

Zu diesem Buch

»Ich habe mich für dieses Buch auf die redliche Suche nach Möglichkeiten begeben, wie man ein umweltbewussteres Leben führen kann. Die Verringerung der eigenen zerstörerischen Wirkung auf Umwelt und Klima kann sogar zu einer praktischen, ethischen Übung werden.

Ich bin jedenfalls fest entschlossen, bei der Rettung der Welt mitzumachen. Aber möglichst nicht auf eine Art und Weise, mit der ich meine Zeit und Energie mit gewissensbetäubenden Alibimaßnahmen verschwende, sondern so, dass es sogar Spaß macht.«

ALEXANDER VON SCHÖNBURG

Der grüne Hedonist

Wie man stilvoll den Planeten rettet

PIPER

Mehr über unsere Autoren und Bücher:
www.piper.de

Von Alexander von Schönburg liegen im Piper Verlag vor:
Die Kunst des lässigen Anstands
Der grüne Hedonist

MIX
Papier aus verantwor-
tungsvollen Quellen
FSC® C014496

ISBN 978-3-492-07031-7
© Piper Verlag GmbH, München 2020
Umschlaggestaltung: zero-media.net, München
Umschlag- und Innenillustrationen: Klas Fahlén
Satz: psb, Berlin
Gesetzt aus der Garamond Premier Pro
Litho: Lorenz & Zeller, Inning am Ammersee
Druck und Bindung: GGP Media GmbH, Pößneck
Der Umschlag ist gedruckt auf 100 % Recyclingpapier
zertifiziert mit dem Blauen Engel (RAL-UZ 14a).
Printed in Germany

Inhalt

Vom Glück, smaragdgrün zu sein   7

1   Essen   32

2   Autofahren   48

3   Reisen   65

4   Klamotten   85

5   Elektronik   97

6   Wohnen   109

7   Müll & Plastik   125

8   Tierliebe   145

9   Sport   156

10   Frische Luft   168

Letzte Dinge   184

Glossar   202

I see trees of green, red roses too
I see them bloom for me and you
And I think to myself what a wonderful world

I see skies of blue and clouds of white
The bright blessed day, the dark sacred night
And I think to myself what a wonderful world

The colors of the rainbow so pretty in the sky
Are also on the faces of people going by
I see friends shaking hands saying how do you do
They're really saying I love you

I hear babies crying, I watch them grow
They'll learn much more than I'll never know
And I think to myself what a wonderful world
Yes I think to myself what a wonderful world

» What A Wonderful World «, Text von Bob Thiele
(1968 auf einer Single von Louis Armstrong veröffentlicht).

Vom Glück, smaragdgrün zu sein

Nach zwei Versuchen, als ernsthafter Autor wahrgenommen zu werden, ist es nun wieder Zeit, mich auf meine eigentliche Berufung zu besinnen. Und die ist, ob ich es will oder nicht, nun einmal die des *arbiter elegantiarum*, als Autorität in Fragen des guten Geschmacks. Ich hatte schon einmal eine ähnliche Phase vorübergehender Klarsicht. Sie wurde herbeigeführt durch meinen ehemaligen Chef, Florian Illies, er verantwortete damals die Berliner Seiten der *FAZ*, ich war sein untergeordneter Redakteur. Eines Tages, ich hatte mir durch mehrere gewichtige Beiträge einen gewissen Respekt im Kollegenkreis erobert, nahm er mich mit der Bitte zur Seite, ich möge ihm kurz Gehör schenken, es gebe da eine Frage, die ihn beschäftige. Mir leuchtete das völlig ein, schließlich hielt ich mich für gelehrt und weise, ich war mir sicher, es könne sich nur um ein philosophisch delikates und zugleich geistig herausforderndes Problem handeln. Florians Frage lautete: » Alexander, kann man eigentlich rote Socken mit einem blauen Anzug tragen? «

Da die Klimakrise für so viel Verunsicherung sorgt, kann ich mir nicht mehr erlauben, auf Gebieten wie

Geschichte und Tugendlehre zu dilettieren, sondern muss mich einer dringlichen Stilfrage annehmen, nämlich, wie man auf lebens- und freudebejahende Weise grün sein kann. Ich behaupte sogar, dass sich ökologisch verantwortungsbewusstes Leben überhaupt nur durchsetzen wird, wenn es Steigerung von Lebenslust verheißt und nicht mit Verboten und als Selbstkasteiung daherkommt. Es ist dringend an der Zeit, den Klimaneutralitätsmahnern für ihren Dienst, das allgemeine Aufrütteln, zu danken und ihr endzeitliches Narrativ durch das zu ersetzen, was in fortschrittlichen Kreisen utopischer Pragmatismus und in noch fortschrittlicheren Kreisen » Hedonistic Sustainability « genannt wird. Es kann Lust und Spaß bedeuten, verantwortungsbewusst mit Natur und Mitgeschöpfen umzugehen und nicht mehr jeden Quatsch der Konsum- und Unterhaltungsgüterindustrie mitzumachen.

Leugner der Umweltkatastrophe, ich glaube, darauf können wir uns einigen, sind Idioten. Wir Menschen betreiben Raubbau an der Natur. Das zu leugnen ist dumm. Übereinkunft besteht auch darüber, dass die Auswirkungen menschlichen Handelns auf die Natur seit der Industriellen Revolution zugenommen haben. Und dass seit Mitte des 20. Jahrhunderts, ab dem Beginn des Massenkonsum-Zeitalters, die Folgen verheerender wurden – auch weil neue Länder dazukamen, die ihr Stück vom Wohlstandskuchen abhaben wollen. Es lässt sich auch schwerlich leugnen, dass der Kohlendioxidausstoß dadurch dramatisch angestiegen ist – jeder kennt die Grafik, deren Kurve so aussieht wie ein

Hockeyschläger. Dass wir der Welt Schaden zufügen, ist völlig offensichtlich. Das mag manchen Menschen egal sein, aber dass es so ist, steht fest. Mir ist es nicht egal. Angeblich gab es in den vergangenen 450 Millionen Jahren nur fünf Perioden mit ähnlich rapidem Artensterben. Das letzte Mal, als so viele Pflanzen und Tiere ausstarben, hatte vorher gerade ein Asteroid eingeschlagen.

Dazu kommt das Bevölkerungswachstum. Beckenbauer hatte ja völlig recht, als er (in einem anderen Zusammenhang) sagte, dass sich der Herrgott über jedes seiner Menschenkinder freut, aber allein in Kaiser Franz' Lebenszeit hat sich die Zahl der Bewohner auf diesem Planeten verdreifacht. Von allen Menschen auf der Erde leben jetzt schon mehr als die Hälfte in Städten, in ein paar Jahren werden zwei Drittel der Weltbevölkerung Stadtmenschen sein und wie Stadtmenschen konsumieren. Klimatisieren, heizen, Auto fahren, fliegen, shoppen ... dass dies auf Dauer ungemütlich werden könnte, liegt auf der Hand.

» Vergiftet die Flüsse! Fackelt den Urwald ab! Zerstört die Atmosphäre! – Niemand, der einigermaßen bei Trost ist, fordert derlei «, las ich neulich in einem Kommentar eines *NZZ*-Redakteurs mit dem sinnigen Namen Christoph G. Schmutz. » Der Planet «, schreibt Herr Schmutz, » ist der sprichwörtliche Ast, auf dem alle Menschen sitzen. Und jedermann möchte auf einem gesunden, starken, grünen Ast sitzen. Daran zu sägen, ergibt keinen Sinn. « Die Frage ist nur, wie der Ast grün und stark zu halten ist. Darüber gehen die Meinungen auseinander. »Verzicht!«, rufen die Klimaaktivisten. Aber heißt das dann nicht, dass wir einfach so weitermachen wie bisher, nur alles eben ein bisschen teurer und dafür mit Biosiegel? Wir subventionieren Autos mit Stromantrieb und geben erst Ruhe, wenn jeder Winkel des Landes mit Aufladestationen für E-Autos ausgerüstet ist, ohne uns vorher wirklich Gedanken gemacht zu haben, ob wir nicht eher auf völlig neue Formen der Mobilität setzen müssten und unter welchen Umständen eigentlich die benötigten Rohstoffe zutage gefördert werden sollen (und wie lange sie überhaupt reichen und wo all der Strom für sie herkommen soll). Als effektive Klimaschutzpolitik gilt, höhere Steuern aufs Fliegen zu erheben, aber ja nicht so hoch, dass die Leute sich keine Familienurlaube mehr leisten können. Das Benzin wird teurer, aber bitte nicht so teuer, dass man die Leute ganz vom Fahren abhält. Wir machen eigentlich alles so weiter wie bisher, nur halt einen Hauch grüner, teurer und mit schlechtem Gewissen.

Kann das wirklich schon die Antwort sein?

Ich habe mich für dieses Buch auf die redliche Suche nach Möglichkeiten begeben, wie man ein umweltbewussteres Leben führen kann. Ich glaube nämlich, ein solches Leben kann, im wahrsten Sinne des Wortes, befriedigend sein. Die Verringerung der eigenen zerstörerischen Wirkung auf Umwelt und Klima kann sogar zu einer praktischen, ethischen Übung werden. Für die alten Griechen war Selbstzügelung – *Sophrosyne* – die wichtigste menschliche Übung überhaupt. Es ist ja im Übrigen so, dass die Gefahren ungleich verteilt sind. Wenn die Warner richtig liegen, stehen wir vor einer großen Gefahr und es besteht dringend Handlungsbedarf. Wenn die Klimakrisen-Skeptiker Recht haben, ist das alles bloß Hysterie. Das Risiko, eher den Warnern Gehör zu schenken, ist verhältnismäßig gering. Schlimmstenfalls sind wir am Ende auf Übertreibungen reingefallen, haben aber unseren sinnlos-übermäßigen Konsum ein wenig in den Griff bekommen, gehen nicht mehr ganz so gedankenlos mit unserer Umwelt und unseren natürlichen Ressourcen um und haben vielleicht sogar bei manchen Zukunftstechnologien die Nase vorn.

Ich bin jedenfalls fest entschlossen, bei der Rettung der Welt mitzumachen. Aber möglichst nicht auf eine Art und Weise, mit der ich meine Zeit und Energie mit gewissensbetäubenden Alibimaßnahmen verschwende, sondern so, dass es tatsächlich einen Unterschied macht. Für die Welt. Und mich selbst. Ich möchte gern grün leben, ökologisch korrekt, klimaneutral, nachhaltig und umweltbewusst.

Ich habe nur bei den ersten Versuchen festgestellt, dass das im Detail manchmal sehr freudlos ist. Die natürliche Pulver-Zahncreme zum Beispiel, die ich mir gestern zusammen mit der Rosshaar-Holzzahnbürste besorgt habe, ist nicht so toll. Sie schäumt nicht, sie schmeckt nach Kalk und hinterlässt kleine Brösel im Mund. Der Laden, in dem ich diese Utensilien erstanden habe, liegt mitten in Kopenhagen, heißt » Pure « und ist Europas bestsortierte ökologische Parfümerie. Die Gesichts-, Körper- und Haarpflegeprodukte hier sind so *pure*, dass man sich manches auch gut als erfrischenden Brotaufstrich vorstellen kann.

Ich bin nach Dänemark gepilgert, um mich für dieses Buch inspirieren zu lassen. Kopenhagen ist nämlich ein – im positiven Sinn – eigentümlicher Ort. In der Fernsehserie »Borgen« kommt der dänische Premierminister morgens mit dem Fahrrad ins Büro, es gibt mehr Fahrradwege als in jeder anderen Hauptstadt Europas, die Ampeln sind so geschaltet, dass man als Radfahrer immer ein paar Sekunden Vorfahrt hat, an jeder Ecke sieht man eine *cykel værksted*, jedes dritte Gefährt ist eines dieser Cargobikes, mit denen man zwei oder drei Kinder transportieren kann. Kopenhagen vermittelt einen Eindruck davon, wie es in ganz Europa bald aussieht, wenn die grüne Wende wirklich geschafft ist.

Die gute Nachricht ist: So schlecht sieht es gar nicht aus.

Die Jægersborggade im Stadtteil Nørrebro zum Beispiel: Es gibt hier Gründerzeithäuser am Rande eines der schönsten Gärten (und Friedhöfe) Skandinaviens (Kierkegaards Grab ist hier), wo früher Straßenkreuzungen waren, findet man jetzt improvisierte Minigärten, wo früher städtische Grünanlagen waren, befinden sich jetzt Permakulturen. Die Leute bauen in sogenannten Urban-Gardening-Projekten ihr eigenes Gemüse mitten in der Stadt an. Vorbei an solchen halbwilden Stadtgärten biegt man also in die Jægersborggade ein. Sie ist klein, man hat sie in fünf Minuten durchschritten, aber man kann sich auch mühelos Stunden dafür Zeit nehmen. Die ganze Straße riecht nach Mamas Kuchen, jedes der kleinen Geschäfte hat lustige Namen, in einem der Läden steht im Schaufenster »STOP FUCKING BUYING!«, im Spielzeugladen gibt es nur Spielzeug aus zweiter und dritter Hand, vor dem Pop-up-Shop, der Kimonos verkauft, stehen Frauen, denen man ansieht, dass sie Yoga machen, die Männer sehen trotz ihrer uniformen Bärte und ihrer ironischen T-Shirts irgendwie souverän und gelassen aus. Überall hat man freies WLAN, der Eisladen heißt »Banana«, der Claim lautet: »Less worry! More life!«, klingt nach einer super Idee. Im besten Lokal der Straße, dem »Manfreds«, wird nur Gemüse serviert, das am Morgen von der hauseigenen, 50 Kilometer entfernten kleinen Farm geliefert wurde, es gibt auch Fleischgerichte, aber wenn man will, kann man, bevor man ein Tier isst, sich dessen Lebensgeschichte erzählen und den Stammbaum aushändigen lassen. Im Café-Kollektiv, eine Ecke weiter, lockt das köstlichste vegetarische Eggs Benedict der Welt (keine Ahnung, aus was der »Schinken« gemacht war, er schmeckte besser als Fleisch), für unsere Freunde des Superfoods fand ich dort: frischen Krauskohlsalat mit Kräutern, hausfermentiertem Sauerkraut, aktivierten Mandeln, laktofermentiertem Fenchel, angegrilltem Blumenkohl, Kurkuma, Granatapfel, Goji-Beeren und Koriander.

Der Stadtteil Nørrebro ist so *økologisk*, dass Freiburg im Breisgau daneben wie Tschernobyl aussieht. Im Hafen von Kopenhagen kann man schwimmen, selbst die autonome Hippiekommune Christiania ist blitzsauber, und die Energie ist es angeblich auch. Ein großer Teil der Bevölkerung hat sich zusammengetan und in erneuerbare, emissionsfreie Energien für den Großraum Kopenhagen investiert. Jeder, der mitgemacht hat, hat inzwischen knapp acht Prozent Rendite gemacht. Bis 2025 wird die Energieversorgung Kopenhagens komplett selbstversorgend sein. Für den Reiseführer » Lonely Planet« war die dänische Hauptstadt 2019 das Städteziel Nummer eins in Europa, unter anderem wegen Attraktionen wie »Copenhill«, der einzigen Müllverbrennungsanlage weltweit, die so sauber ist, dass sie den Kopenhagenern als Nahausflugsziel dient. Das Dach wurde nämlich so designt, dass es, mit einem Kunstteppich versehen, als Skipiste dient. Die Philosophie des Architekten, Bjarke Ingels, lautet: » Wir können die Welt formen. Mein Kind wird zum Beispiel in einer Welt aufwachsen, in der es völlig normal ist, auf der Spitze eines Müllkraftwerks frische Luft zu atmen und dort Ski zu fahren.« Er sagt auch Sätze wie: » Wir müssen Energie verbrauchen. Das unterscheidet uns von toter Materie. Energie zu verbrauchen ist also eine gute Sache, jedenfalls wenn man das Leben für eine gute Sache hält. Wir wollen Energie verbrauchen. Wir wollen sie nur nicht verschwenden.« Im Vorort Ørestad hat Ingels ein ziemlich innovatives, autarkes Wohnobjekt hingestellt, das »8 Haus«, dänisch »8 Tallet«, 62 000 Quadratmeter in der Form einer Acht, 476 Wohnungen, mit begrünten abfallenden und ansteigenden Dächern, immer wieder unterbrochen durch Grünanlagen, so konzipiert, dass man den Gebäudekomplex auch als Jogging-Track nutzen kann, all das energetisch optimiert und so an den öffentlichen Nahverkehr angeschlossen (zwölf Minuten ins Stadtzentrum), dass eigene Autos hier völlig überflüssig sind. Zu den innovativsten Projekten von Bjarke Ingels gehört auch die » Oceanix City «, die 2050 fertig sein soll und klimaneutralen Wohnraum für mehrere Zehntausend Menschen auf dem Wasser schaffen will – falls es tatsächlich so etwas wie überflutete Städte geben sollte, zeigt Ingels mit solchen Ideen dem Klimawandel die lange Nase. » Oceanix City « ist natürlich als selbstversorgendes Ökosystem ohne Abgase und Abfall konzipiert. Bjarke Ingels ist ein absoluter Superstar in Kopenhagen und einer der begehrtesten Ökoarchitekten weltweit. Kopenhagen ist also geradezu der ideale Ort, um darüber nachzudenken, wie man sein Leben grüner und dabei angenehmer und zeitgemäßer gestalten kann.

Eines möchte ich an dieser Stelle übrigens klarstellen: Ich verstehe von der wissenschaftlichen Seite der Materie so wenig wie Sie. Ich hätte schon Schwierigkeiten, auf Anhieb zu erklären, wie genau der Abfluss bei mir zu Hause funktioniert. Meine Ahnungslosigkeit paart sich übrigens auch mit einer gewissen Skepsis gegenüber wissenschaftlicher Gewissheiten, die ich für ziemlich gesund halte. Es gehört zum Wesen der Wissenschaft, dass sie immer nur zu vorläufigen Ergebnissen kommt, die später wieder überworfen werden. Auch Rassismus basierte früher einmal auf vermeintlich wissenschaftlichen Erkenntnissen, die wiederum längst von Wissenschaftlern widerlegt wurden. Als 1962 *Der stumme Frühling* erschien, worin Rahel Carson auf die Gefahren durch Pestizide und Insektizide hinwies, wurde sie von den namenhaftesten Wissenschaftlern geradezu lächerlich gemacht. Es gibt nämlich auch in der Welt der Wissenschaft so etwas wie Moden und Gruppendruck. Neben sehr viel Einleuchtendem ist so viel wissenschaftlicher Unfug im Umlauf, dass niemand von uns Laien je in der Lage sein wird, alles im Einzelnen nachzuprüfen.

Die einen sagen, die Rolle des CO_2 bei der Erderwärmung werde überschätzt. Andere sagen, dass die Maßnahmen, mit denen wir jetzt versuchen, dem CO_2-Ausstoß Herr zu werden, uns Billiarden kosten, aber nur minimale Effekte zeitigen werden. Wiederum andere sagen, es sei eh alles zu spät. Die Zeit, unsere Art zu wirtschaften grundlegend zu ändern, sei vor 30 Jahren gewesen, inzwischen hätten wir so viel zusätzliches CO_2 in die Atmosphäre gepumpt, dass selbst die drastischsten Gegenmaßnahmen die Folgen allenfalls ein bisschen hinauszögern und abmildern könnten.

Dann gibt es auch glaubhafte Stimmen, die sagen, dass das mit der Reduzierung des CO_2-Ausstoßes sehr wohl sinnvoll ist, dass wir uns dadurch aber zum Teil auch lähmen, weil wir vor lauter Starren auf dieses vermaledeite Kohlendioxid versäumen, uns um Dinge zu kümmern, die mindestens so wichtig sind, den Zugang zu Frischwasser in der Dritten Welt zum Beispiel oder Schutzmaßnahmen (wie Umsiedelung oder der Bau von Staudämmen) in Weltregionen, die auf unsere Hilfe angewiesen sind, um sich gegen die Folgen des Klimawandels zu wehren.

Und dann gibt es noch die Zukunftsgläubigen, die behaupten, dass drastische Gegenmaßnahmen zur Verringerung des CO_2-Ausstoßes dringend geboten sind, dass wir aber die *falschen* Maßnahmen ergreifen, weil wir viel zu hektisch in emissionsfreundliche, aber alte Technologien investieren, statt viel mehr Geld in die Erforschung ganz anderer, völlig neuer Technologien zu stecken. Sie beklagen, dass wir vor lauter Untergangsprophezeiungen die gigantischen Chancen für Innovation verpassen, die in der ökologisch-ökonomischen Wende liegen. Die anderen Länder sind dabei, uns davonzueilen, in den Golfstaaten werden Züge geplant, die bis zu 1200 km/h schnell fahren sollen, von den zehn am meisten verkauften Automarken ist nur eine aus Deutschland, Firmen, von denen noch niemand von uns gehört hat, wie BYD aus China, verkaufen sechsmal mehr Elektroautos als VW. Wir könnten, argumentieren Ökooptimisten, mit unserem Know-how Weltmarktführer in alternativen Technologien werden und verlieren uns stattdessen in Visionen von »Degrowth«, Wachstumsrückbau, also Morgenthau-Plan-ähnlichen Deindustrialisierungsfantasien, statt uns für die Zukunft zu rüsten.

Welche der gerade genannten Einwände berechtigt sind und welche nicht, kann ich nicht beurteilen. Was ich beurteilen kann, ist mein eigenes Leben, sind meine eigenen Konsumgewohnheiten. Wenn ich die Welt verändern will, ist es wahrscheinlich eine gute Idee, erst einmal mit meinem Mikrokosmos anzufangen. Ich weiß, dass viele bei Zitaten des umstrittenen kanadischen Psychologen Jordan B. Peterson genervt reagieren, aber seinem Satz »Wenn du die Welt retten willst, räum erst mal dein Zimmer auf!« kann man eine gewisse Evidenz nicht absprechen. Außerdem sagt er damit auch nichts anderes als der sehr viel konsensfähigere Dalai Lama, der einmal gesagt haben soll: »Falls du glaubst, dass du zu klein bist, um etwas zu bewirken, dann versuche mal zu schlafen, wenn eine Mücke im Raum ist.« Dass jeder Einzelne die Möglichkeit hat, die Welt ein Stückchen in die richtige oder in die falsche Richtung zu stupsen, ist auch die Kernaussage von Alexander Solschenizyns berühmter Dankesrede nach Entgegennahme des Nobelpreises. Jeder von uns hat Wirkung, zumal auch jeder von uns – für mich nehme ich das wenigstens in Anspruch, und Sie sollten das auch – für irgendjemanden als Vorbild fungiert.

Bevor wir uns nun Fragen der grünen Lebensführung zuwenden, ist es aber notwendig, etwas Grundsätzliches zu klären: Wie sehe ich meine Position als Mensch und die der Menschheit vis-à-vis der Natur? Und überhaupt, was ist das eigentlich, Natur?

Wir Deutschen haben ja ein traditionell inniges Verhältnis zur Natur. Vor allem zu Bäumen. Bevor wir (halbwegs) christianisiert wurden, wurden Baumriesen in unseren Breiten als heilig verehrt. Als Mittelpunkt der Welt galt unseren Vorfahren die Weltesche oder Yggdrasil, auf der ständig ein Eichhörnchen namens Ratatosk rauf- und runterrannte, um Nachrichten zu überbringen. Dann natürlich der Christbaum. Ist es nicht verblüffend, wie wir alle zu Weihnachten andächtig vor einem Baum stehen? Dann all die Märchen und

Mythen, in denen der Wald als Ort der Zivilisations-
flucht, als Sehnsuchtsort gefeiert wird, aber auch als
Ort, an dem das Wilde, das Unzähmbare haust.

Mein Vater war ein Jäger, also ein Waldmensch. Ich
habe meine halbe Kindheit im Wald verbracht. Meist
schoss mein Vater gar nichts. Ich führe das jetzt nicht
ins Feld, um alle Tierliebhaber zu beruhigen. Mein Vater verstand etwas von der Jagd, er sagte immer, dass die
Wildbestände künstlich hoch gehalten werden, damit
Zahnärzte und Anwälte ihrem Jagdhobby nachgehen
können, für echte Jäger ist ein guter Wald nur sehr spär-
lich mit Wild bevölkert, und da heißt » auf die Jagd gehen « in Wahrheit stundenlang still sitzen und gucken.
Ich saß oft mit ihm endlose Stunden still auf dem Hochstand. Damals nervte mich das. Heute verstehe ich die
Faszination Wald. Die Tage mit meinem Vater fingen
immer sehr früh an. Im Morgengrauen am Hochstand
sitzend einen Wald erwachen zu sehen – und vor allem
ihm beim Erwachen zuzuhören – hat, zumindest wenn
ich heute daran zurückdenke, tatsächlich etwas. Der
Geruch von nassem Holz und frischem Harz, die Mu-
sik der Singvögel, das Rascheln und Knistern der Tiere
im Unterholz. Dass Pflanzen, einschließlich der Bäume,
lebende Organismen sind, war mir von klein auf klar,
noch vor der Lektüre von Tolkien und Roald Dahl. Erinnern Sie sich noch an die Geschichte des Mannes, der
verrückt wird, weil er eine Maschine erfindet, mit der
man das Schreien der Grashalme hörbar machen kann,
wenn sie gemäht werden? Und an die Stelle in *Herr der
Ringe*, an der Baumbart seine gefällten Artgenossen be-

klagt? » Oh! Viele dieser Bäume waren meine Freunde. Geschöpfe, die ich von Nuss und Eichel kannte.«

Natürlich habe auch ich das Buch von Peter Wohlleben verschlungen, weil dort meine tiefe, in meiner Kindheit geprägte Ahnung endlich Bestätigung erfuhr, dass Bäume miteinander reden können. Als Wohlleben, den die Forstwirte in meiner weiteren Familie aus Borniertheit gern als » Ökospinner« abtun, beschrieb, wie Buchen über ihre Wurzeln Kontakt zu ihren Nachbarn halten und sich nicht nur vor Insektenattacken warnen, sondern sich bei Bedarf gegenseitig sogar Zuckerlösungen zur Erfrischung hin und her reichen, fand ich das völlig einleuchtend.

Erst durch die oben erwähnten bornierten Verwandten habe ich später erfahren, dass der deutsche Wald so wenig mit Natur zu tun hat wie Fünf-Minuten-Terrine mit selbst gekochter Suppe.

Deutschlands Wälder sind zu 80 Prozent Forste, also mehr Plantagen als Wälder. Es gibt in ganz Europa, mit sehr wenigen Ausnahmen in Skandinavien und Polen, gar keine natürlichen Wälder mehr. Wenn unsere Wälder » natürlich« wären, gäbe es keine Dürreschäden, keine extremen Orkanschäden, und wenn der böse Borkenkäfer käme, wäre auch bald der Specht zur Stelle, zu dessen Leibgerichten er gehört. Diese Wälder wären dann aber sogenannte Mischwälder, bestehend hauptsächlich aus Laubbäumen, die ließen sich allerdings nicht so effizient bewirtschaften. Wald, das bedeutet in Deutschland Forstwirtschaft, Monokultur, » Massenbaumhaltung«, wie Wohlleben es nennt.

Der Wald ist also ein gutes Beispiel dafür, wie wir mit manchen Wörtern romantische Ideen verbinden, aber oft nur verschwommene Vorstellungen von der Realität dahinter haben. Mit dem Begriff »Natur« ist es ganz ähnlich.

Die Unterscheidung zwischen Natur und Kultur fängt schon mit der Komplikation an, dass in dem Moment, in dem man von Natur überhaupt spricht, man sich von ihr abseitsstellt und damit implizit anerkennt, dass man nicht Teil von ihr ist. Stellt man die Natur aber auf einen Sockel, entfernt man sich noch weiter von ihr und macht so aus Natur erst recht Kultur. Bestes Beispiel: der Naturschutz. Wenn wir die Natur schützen, sie also abzäunen, stellen wir damit etwas Künstliches her. Wir definieren einen bestimmten Zustand der Natur als ursprünglich und bewahrenswert und bewachen diesen dann. Ein Eingriff, also Kultur. Fast alle Landschaften, bis auf ein paar Ecken in der Wüste Gobi, sind inzwischen streng genommen Kulturlandschaften. Im Grunde sind somit die französischen Parks mit ihren brutal beschnittenen Hecken, ihren kerzengeraden Wegen und geometrischen Formenspielen ehrlichere Gärten als die sogenannten englischen, die Natürlichkeit simulieren, weil Erstere uns klar vor Augen führen, dass der Mensch dazu neigt, sich der Natur zu bemächtigen.

Wir können gar nicht anders. Die Natur ist zunächst einmal ein ziemlich brutaler Ort. Wenn Prinz Charles von »Mutter Natur« schwärmt und dabei rührselig die Augen rollt, ist das schön, aber auch sentimental. Die

Natur ist keine Mutter. Auch Krebs ist Natur. Die giftigsten Stoffe überhaupt sind Naturstoffe. Natur ist, auf sich allein gestellt, ein einziges Töten und Verdrängen, eine moralfreie Zone. Selbst unser Freund, der Wald, ist unerbittlich, dort herrscht ein gnadenloser Kampf um Licht und Lebensraum, sich eng aneinanderschmiegende Bäume sind der Todesstoß für das Unterholz, das kein Licht mehr bekommt. Alles, was klein, schwach und putzig ist, wird von der Natur in der Regel niedergemäht. Wenn junge Rehe in einen Wald kommen, knabbern sie dort zuallererst die saftigen Stücke, also die jungen, nachwachsenden Bäume kurz und klein.

Natur ist hart, und gerade die, von denen wir die träumerische Vorstellung haben, dass sie »im Einklang« mit der Natur leben, wissen oft am besten um diese Härte. Ihr wollt wissen, wie die Natur ist, fragt einer meiner Lieblingsautoren, der große Joseph de Maistre, dann betrachtet sie, wie sie ist, nicht, wie wir sie gern hätten, und schaut euch den sogenannten natürlichen Menschen an: »*Il tue pour se nourrir, il tue pour se vêtir, il tue …* «, er tötet, um sich zu ernähren, er tötet, um sich anzuziehen. Aus dem Lamm reißt er den Darm, um so Klänge auf seine Harfe zu zaubern, vom Elefanten nimmt er das Horn, um daraus Spielzeug für seine Kleinen zu machen, sein Esszimmertisch ist übersät mit Leichen.

Die von uns lange gern verklärten Buschmänner der Kalahari gehen, wie man zum Beispiel inzwischen weiß, traditionell sehr robust vor, wenn sie mithilfe von Flächenbränden jagen oder ganze Regionen abbrennen, um Lebensraum für ihre weidenden Herden zu schaffen. Es ist auch eine falsche Vorstellung, dass es erst die Industrielle Revolution war, mit der die Zerstörung von Flora und Fauna anfing. Unsere angeblich so naturverbundenen Vorfahren waren ausgesprochene Umweltfrevler. Wo immer die Urmenschen ihren Fuß hinsetzten, begann sofort ein dramatisches Artensterben. Und auch schon die Sumerer und Babylonier kannten schadhafte Monokulturen.

Es ist schwer, ein Anfangsdatum für das Werk der menschlichen Zerstörungswut zu setzen. Das plausibelste Datum liegt leider relativ weit zurück: rund 12 000 Jahre, der Zeitpunkt, an dem wir beschlossen, unser Jäger-und-Sammler-Dasein hinter uns zu lassen, und sesshaft wurden. Diese sogenannte Landwirtschaftliche Revolution war die eine große, unumkehrbare, in ihren Folgen weitreichendste und unsere Existenz völlig neu definierende Zäsur der Menschheitsgeschichte. Von diesem Moment an lebten die Menschen sozusagen nicht mehr *mit* der Natur, sondern *gegen* sie, fingen also an, ihr etwas abzuringen, sie zu zähmen und zu beherrschen.

»Zurück zur Natur« hört sich gut an, und auch das Shampoo mit »nur natürlichen Zutaten« klingt gut, aber wollen wir wirklich »zurück zur Natur«? Und selbst wenn: Gibt es überhaupt einen Weg dorthin zurück?

Es gab und gibt Ökologisten, darunter sogar ernsthafte Wissenschaftler wie Eugene Odum, die Deindustrialisierung und »Degrowth«, also den Rückbau der nordischen Weltwirtschaft als die einzige Lösung bezeichneten, und bis heute ist Wachstumskritik ein respektiertes, wenn auch randständiges Thema auf Volkswirtschaftsseminaren, das ändert aber nichts daran, dass es schlicht unrealistisch ist, unsere Art, zu wirtschaften und zu leben, auf ein präindustrielles Niveau zurückzuschrauben. Es soll Kulturen gegeben haben, die den Weg zurückgefunden, die Handbremse gezogen und einen U-Turn hingelegt haben. Aber nur in Legenden, wie in der von der indianischen Hohokam-Kultur, die schon lange vor Kolumbus' Ankunft systematische Landwirtschaft betrieben und Kanäle gebaut haben soll, bis sie eines Tages einsah, dass sie zum Sklaven ihrer Errungenschaften geworden war und beschloss, alle modernen Hilfsmittel wegzuschmeißen und wieder wie ihre Vorväter zu leben. Eine Legende, wie gesagt. In der Realität gehen solche »Zurück zu den Wurzeln«-Manöver meist unschön aus, wie bei dem Pariser Intellektuellen aus Kambodscha namens Saloth Sar, besser bekannt als Pol Pot oder »Bruder Nummer eins«, der, als er in seinem Land an der Macht war, alle, die in Städten und in Schreibstuben saßen, auf die Felder schickte, um Reis zu ernten, dann alle zu Zwangsarbeit verurteilte und am Ende ein Viertel der Bevölkerung auf den »Killing Fields« ermordet hatte.

Wenn es kein »Zurück zur Natur« gibt, dann vielleicht wenigstens so etwas wie Leben im Einklang *mit* der Natur? Heidegger meinte nein. Er setzte die wirkmächtige These in die Welt, Schuld an der Ausbeutung der Natur sei letztlich das europäische Christentum, das das »Macht euch die Erde untertan« einfach zu wörtlich genommen habe. Allerdings hatte Heidegger ein verkorkstes Verhältnis zur Kirche (die ihn förderte und der er seine Ausbildung verdankte) und wollte daher nicht einsehen, dass der Auftrag im Buch Genesis auch ganz anders ausgelegt werden kann. Anspruchsvoller, delikater. Geht es in den archetypischen Geschichten von der Bibel bis zu Walt Disney doch eher darum, die Natur zu nutzen, sie aber auch zu hegen (schönes, vergessenes Wort, mein Vater benutzte es oft). Um aus » König der Löwen « zu zitieren:

>> *Everything you see exists together*
in a delicate balance.
As king, you need to understand that balance
and respect all the creatures,
from the crawling ant to the leaping antelope. «

Die Ehrfurcht vor allem Lebenden, die hier so poetisch anklingt, ist natürlich nur dem möglich, der das Leben an sich schätzt. Und da tut sich ein großer Teil der modernen Umweltbewegung sehr schwer. In den Augen der » Deep Ecology «-Schule, also der orthodoxen Öko-Fundis, dazu gehören einflussreiche Figuren wie Paul Ehrlich, David Suzuki und auch Rajendra K. Pachauri (ehemaliger Chef des Weltklimarats IPCC) bis hin zu Al Gore, ist der Mensch, wie in dem berühmten Planeten-Witz, ein Störenfried – um nicht zu sagen ein Schädling. Sie kennen den Witz: Treffen sich zwei Planeten. » Du siehst aber gar nicht gut aus. Was hast du? « – » Menschen. « – » Keine Sorge, das geht rasch vorbei! «

Alle großen politischen Ideologien sind anthropozentrisch. Das heißt, dass sie das Wohl des Menschen in den Mittelpunkt stellen. Das grüne Denken ist die einzige politische Ideologie, die auf Prämissen beruht, die nicht anthropozentrisch sind. Das hat eine lange Tradition und reicht von Konrad Lorenz (der sagte in einem seiner letzten Interviews: »Gegen die Überbevölkerung hat die Menschheit nichts Vernünftiges unternommen. Man könnte daher eine gewisse Sympathie für Aids bekommen«) über Alexander King, einen der Gründer des Club of Rome, der einmal zum Thema Malariabekämpfung meinte: »Mein Problem ist, dass es die Überbevölkerung verstärkt!«, bis hin zu Englands Prinz Harry, der gelobt hat, aus Klimaschutzgründen maximal zwei Kinder haben zu wollen. Die »Deep Ecology«-Denkschule, auf die der moderne Ökologismus fußt, ist letztlich dem Menschen gegenüber feindselig.

Wer Prinz Harry Applaus spendet, liegt zwar weltanschaulich in der Tradition des »Deep Ecology«-Denkens, muss sich aber auch klar sein, dass ganz ähnlich einer der Amokschützen an der Columbine High School argumentierte, der wahllos Menschen tötete, um den Planeten von vermeintlichem Ungeziefer zu befreien. In seinem Tagebuch notierte einer der beiden Täter: »Die menschliche Rasse ist es nicht wert, dass man sie verteidigt, sie ist nur wert, getötet zu werden. Gebt die Erde den Tieren zurück. Die haben es verdient, wir nicht.«

Ich glaube, wir können uns darauf einigen, dass

das keine sehr kultivierte Weltsicht ist. Es kann nicht sein, dass wir nur die Wahl zwischen schlecht und weniger schlecht haben. Das geht schon aus philosophischen und aus Gründen der Logik nicht. Wenn es das Schlechte gibt, gibt es auch das Gute. Und wenn es das Gute gibt, kann man es auch tun. Menschen sind keine Schädlinge.

»Ich will, dass ihr Angst habt!«, sagt Greta. Ist das wirklich eine gute Idee?

Holt nicht Angst generell das Schlechteste aus den Menschen heraus? Besteht nicht vielleicht sogar ein Zusammenhang zwischen dem Selbsthass der zivilisierten Menschheit, der in Witzen wie dem der Planeten anklingt, und den Angstbotschaften der Generation Klima?

Angst ist schließlich eine typische Reaktion von Beziehungsgeschädigten. Die Moderne hat uns eingebläut, dass wir erst glücklich sind, wenn wir alle frei, unabhängig und autonom sind. Nun ist der moderne Mensch endlich seine Bindungen los, fühlt sich freier, muss das aber mit einem Gefühl der Unsicherheit bezahlen. Dazu kommt die Dekonstruktion, die die Postmoderne bewirkt hat. Alles, was einmal galt, wurde verworfen. Auch das war befreiend und beängstigend zugleich. Das Resultat ist Angst. Und Selbsthass. Deshalb richtet sich der Groll der Klimaschutzaktivisten vor allem auf Europa und Nordamerika.

Angst und Selbsthass sind, behaupte ich, keine guten Ratgeber für ein gelungenes Leben und für die Gestaltung desselben auf diesem Planeten. Dieses Buch ba-

siert jedenfalls auf der Grundbasis von: » Schön, dass
Sie da sind! « Und es geht von der Prämisse aus, dass es
möglich ist, sich selbst – und der Welt um sich herum –
Gutes zu tun. Man muss ja nicht immer gleich die Welt
retten. Für den Anfang genügt es, ein paar Dinge zu
korrigieren, die schief sind, und die Welt damit, Stück
für Stück, ein bisschen besser zu machen.

* * *

Bei unserer Suche nach einem Leben, das weniger von
Verschleuderung und gedankenlosem Konsum geprägt
ist, kommt uns ein Umstand zugute: Die Dinge, die mit
Prestige behaftet sind, haben sich vom Materiellen gelöst.

Man kann heutzutage niemandem mehr mit seinem dicken Auto imponieren. Als Fahrer eines Porsche
Cayenne gilt man heute eher als asozial und therapie-
bedürftig. Wer dicke Autos fährt, so der Konsens, isst
auch mit Blattgold überzogene Steaks, schlägt seine
Kinder und trinkt Robbenblut. Wer sich durch umweltbewusstes Verhalten abheben will, tut das vielleicht inzwischen nicht nur aus moralischen Gründen, sondern
weil er zu denen » da oben «, die sich dezenter verhalten,
die wissen, was sich gehört, dazugehören will.

Man will nicht als der Doofe dastehen, der mit Pesti-
ziden hoch belastete Rucola kaut, Flip-Flops trägt, die
in den Mägen von Delfinen landen, und Autos fährt,
die mehr Immobilie als Fahrzeug sind.

Als Luxus gilt heute, ein Leben als » Lohas « zu führen, will heißen, einen » Lifestyle of Health and Sus-

tainability« zu pflegen. Aus dem gesellschaftspolitisch einst von Randgruppen besetzten Thema Ökologie ist ein Distinktionsmittel der urbanen Eliten geworden. Natürlich hat das einen hedonistischen Beigeschmack, als wäre wieder nur das eigene Wohlergehen, garniert mit gutem Gewissen, entscheidend. Aber: Wahrscheinlich haben die oft beschimpften Edelökos und all die Hollywood-Nervensägen wie Leonardo DiCaprio mit ihren Toyota Prius, ihren Energiesparlampen und Flugkompensationszahlungen mehr zu einem neuen Verständnis für umweltgerechte Verhaltensweisen beigetragen als Jahrzehnte angestrengter Reden von Claudia Roth. Mir ist lieber, uns wird vorgelebt, dass man grün sein und sein Leben dennoch genießen kann, als dass ich mir ständig vorhalten lassen muss, ich solle Angst haben. Einer der wenigen, die das begriffen haben, ist übrigens Elon Musk. Öko-Lifestyle muss attraktiv sein, ein Tesla ist inzwischen schlicht cooler als ein Porsche.

Das bisweilen etwas überdrehte Wiedererwachen des Umweltthemas durch die Klimadebatte könnte sich somit als historische Chance herausstellen. Vielleicht kriegen wir einen Lifestyle hin, der sich tatsächlich vom bewusstlosen Alles-muss-auf-Knopfdruck-da-sein-*all-you-can-eat*-Konsumwahn abhebt. Vielleicht belassen wir es dann auch nicht bei Maßnahmen, die nur unser Gewissen beruhigen, und ringen uns wirklich zum Umdenken durch.

1 Essen

Ist man ein A..., wenn man Avocados isst?

All you can eat
ist in der Regel
more than you need.
Felix Prinz zu Löwenstein
(Biobauer)

Die *All-you-can-eat*-Kultur macht uns fertig. Es ist oft gesagt worden (und es stimmt!), dass wir zwei Planeten bräuchten, wenn sich die ganze Welt so ernähren wollte wie Europa und Nordamerika. Nicht nur, um uns selbst mit Nahrung zu versorgen. Mehr als die Hälfte von dem, was wir anbauen, geht inzwischen für die Tiere drauf, die wir uns zum Verzehr halten.

Wir müssen, um ein großes Wort des Ur-Edelgrünen Prinz Charles aufzugreifen, »innehalten, den Punkt finden, an dem wir auf den Abweg geraten sind, und uns dann neu orientieren«. An Zeiten zum Beispiel, als Fleisch – übrigens auch für wohlhabende Menschen – nur an hohen Festen oder am Sonntag infrage kam. So lange ist das gar nicht her.

Man muss ja nicht gleich so radikal sein wie Prinz Charles, der nur noch dynamisches Gemüse isst (was, glaube ich, bedeutet, dass es frei herumlaufen darf), und wenn er Fleisch isst, dann nur von Tieren aus eigener Haltung, von denen er sich sicher sein kann, dass sie ihr Dasein auf seiner Farm in Highgrove verbracht haben, wo Hühnern und Kühen tagaus, tagein wahrscheinlich die Sonette von Shakespeare vorgelesen werden.

Ich persönlich esse gern. Viel. Ich schätze am Essen vor allem die psychoaktive Wirkung. Ein festes Stück Bauernbrot mit krosser Kruste, darauf Butter, die noch ein bisschen kalt ist, ein Hauch Salz ... Der Genuss geht bei solchen Dingen über das rein Geschmackliche oder die reine Sättigung hinaus.

Wenn mir jemand mit Verzicht droht, ist meine erste Reaktion: Panik. Also habe ich mich, auf nachdrückliches Drängen meiner Frau hin, in eine Kuranstalt aufgemacht, nicht nur, um abzunehmen, sondern um ein neues Verhältnis zum Essen zu lernen.

Um es mir zu erleichtern, buchte sie mir ein Kurhotel, das sehr malerisch an einem See im Salzkammergut liegt; es ist modern, aber doch komplett aus Holz gebaut. Das Publikum besteht zum großen Teil aus reichen Frauen aus England, Russland und Indien, und ist, wie in solchen Kuranstalten eigentlich immer, zu abgehoben, um wirklich sympathisch zu sein. Obwohl neben körperlichem auch digitales Fasten auf dem sehr schönen See-Anwesen, insbesondere am Steg und im Schwimmbad, angesagt war, musste ich – zwischen den teuren, aber erholsamen Anwendungen – immer wieder Telefongespräche wie dieses mithören: »Gianni, prego! Listen to me! Wir müssen das Katerfrühstück im Beachclub machen! I know what I'm talking about. Niemand hat Lust, wenn er morgens im Hotel aufwacht, hinauf in die Berge zum Castello Qualche Cosa zu fahren! Molto semplice, in Blazer und Strandkleid zum Beach, we'll have Fingerfood there, und alle die, die noch am frühen Nachmittag ihre Slots erreichen müssen, kommen von dort ruckzuck zum General Aviation Terminal.«

Das Schwimmbad war riesig, eine der Anwendungen, die in einem der Nebenbecken angeboten wurde, war eine Art Neugeburtserfahrung. In Begleitung eines auch psychiatrisch ausgebildeten Therapeuten aus Wien (woher sonst?) wird man da, mit Nasenstöpseln, sanft durchs lauwarme Wasser gezogen. Dazu macht der Therapeut Walgeräusche und stellt suggestive Fragen. Die Behandlung kostet so viel wie in Indien ein Kleinwagen, aber für viele Gäste hier ist das angeblich der Höhepunkt ihres Aufenthalts.

Es hat in den letzten Jahren ja geradezu eine Forschungswelle über die eigentlich uralte Praxis des Fastens gegeben. Alle Untersuchungen haben gezeigt, dass es uns deutlich besser geht, wenn wir weniger essen. Und noch mal deutlich besser, wenn wir ein- bis zweimal im Jahr zwei bis drei Wochen ganz auf Nahrungsaufnahme verzichten. Deutlich messbare Verbesserungen bringt das Fasten bei Erkrankungen von Herz und Gefäßen, Magen und Darm, bei Arthrose, Rheuma, Allergien, Migräne, Akne, Diabetes bis Burn-out,

Schlafstörungen und Depressionen. Für die Moderne wiederentdeckt haben das maßgeblich zwei Ärzte, Franz Xaver Mayr und Otto Buchinger, beide in jener eigentümlichen Epoche vom Ende des 19. bis in die 20er-Jahre des folgenden Jahrhunderts, die so viele alternative Heil- und Weltsichtmethoden hervorbrachte und sowohl voller Scharlatane als auch Genies war.

Otto Buchinger hat das Fasten aus Leidensdruck wiederentdeckt. Als junger Arzt der Kaiserlichen Marine im Ostasiatischen Kreuzergeschwader hatte er die Völlerei, zu der er als Offizier in jedem Hafen gezwungen war, im wahrsten Sinne des Wortes satt: Galadinners, Bälle, Tigerjagd, ein Festmahl beim König von Siam, überall musste – aus Höflichkeit – deutlich mehr gegessen und getrunken werden, als einem guttat. In Kalkutta soll Buchinger, wieder einmal an Sodbrennen leidend, einem fastenden Brahmanen begegnet sein. Das war angeblich sein Erweckungserlebnis. Er las, forschte, experimentierte, 1920 eröffnete er das erste »Kurheim Dr. Otto Buchinger«, in dem Heilfasten nach der von ihm entwickelten Methode praktiziert wurde. Sein Regime: nicht mehr als 250 Kalorien in Form von Gemüsebrühe, Gemüse und Gemüsesäften täglich, zwei bis drei Wochen lang, dazu leichte Bewegung und viel Ruhe. Der andere, F. X. Mayr, arbeitete zu der Zeit schon seit fast 15 Jahren als Arzt im berühmten Kurort Karlsbad und war, wie Pioniere so oft, nicht so ganzheitlich in seinem Ansatz. Mayr war darmfixiert. Nachdem er Tausende Patienten behandelt hatte, kam er zu dem Entschluss, dass der Hauptgrund für alle Zivilisationserkrankungen ein verunreinigter und träger Darm sei. Von dem Tag an behandelte F. X. Mayr sämtliche Patienten grundsätzlich als Verdauungskranke, alle bekamen sie dieselbe Therapie, die aus Darmreinigung, strikt kalorienarmer Schonkost und manueller Bauchbehandlung bestand.

In meiner – an den Lehren F. X. Mayrs orientierten – Kuranstalt stand der Tagesablauf daher auch unter dem Diktat der Darmentleerung (unter Beihilfe eines grässlichen morgendlichen Getränks, das so etwas Ähnliches wie Glaubersalz enthält). Ich kann allerdings bestätigen, dass dadurch Hungergefühle schon nach ein bis zwei Tagen verschwinden. Wenn der Verdauungstrakt leer ist, lehren Mayr und Buchinger, schalten wir auf den Verzehr des eigenen Depotfetts um. Sobald der Körper kapiert, dass er nix mehr bekommt, fängt er quasi an, sich aus sich heraus zu ernähren. Beim extremen Fasten, also bei totalem Nahrungsverzicht über mehrere Tage, bei dem nur Tee und Wasser zu sich genommen werden, wird das nach einer Weile richtig interessant. Wenn nämlich das Gehirn dringend Zucker braucht und im Körper nicht mehr so leicht an Energie ranzukommen ist, fängt der Körper an, exklusiv für das Gehirn, dieses anspruchsvolle Organ, Fett in sogenannte Ketonkörper umzubauen. Die Folge ist: sich steigernde geistige Wachheit und Euphorie bis hin zum Fastenrausch. Man fühlt dann tatsächlich eine gewisse Stärke in sich, ich fühlte mich in dieser Phase zu einer abenteuerlichen Bergtour verführt, bei der ich es – nicht mehr ganz so euphorisiert – gerade noch vor der Dunkelheit zurück ins Tal schaffte.

Die Tage an Kurorten sind erstaunlicherweise kurzweilig. Zwischen Liegekur, Leberwickel, Massagen und Heubädern vergeht der Tag schnell. Wer gar nichts mehr zu tun hat – außer auf seine Verdauung und ausreichend Ruhe zu achten –, dem ist Langeweile paradoxerweise fremd.

Wichtige Höhepunkte des Tages, sie geben demselben erst Rückgrat und Struktur: die regelmäßigen Mahlzeiten. Obwohl man ja, wie erwähnt, nichts Nennenswertes zu essen bekommt. Allenfalls, sie müssen allerdings eigens beantragt werden, sogenannte Kauhilfen, also winzige Buchweizenbrotstücke, die man, mit einem Teelöffel Hanf- oder Leinsamenöl ergänzt, wie ein Wiederkäuer minutenlang kauen, einspeicheln und im Mund hin und her bewegen soll.

Das Allererste, das einem in Kuranstalten nach dem F.-X.-Mayr-Prinzip beigebracht wird, ist, sich ganz aufs Essen zu konzentrieren. Man darf dabei nicht quatschen, nicht lesen, man soll ausschließlich auf den Kauvorgang achten. In den Speisesälen kann man aus dem Fenster starren oder mit den anderen Kurgästen Augenkontakt aufnehmen, die zumeist ebenfalls allein an ihren weiß gedeckten Tischen sitzen. Das hat aber keinen Sinn, da man sich ja während des Essens ohnehin nicht unterhalten darf.

Im Speisesaal – ich hatte natürlich auch den *Zauberberg* dabei – herrschte disziplinierte Essruhe. Keine Spur der von Thomas Mann beschriebenen Betriebsamkeit eines Sanatoriums (» Manchmal gehe es hoch her im Restaurant, sagte Joachim; auch Champagner werde serviert «). Champagner wird in Kuranstalten nicht mehr serviert, und Figuren wie diese hier aus dem *Zauberberg* findet man heutzutage leider auch nicht mehr in den Speisesälen: » Jetzt saß niemand als eine einzelne etwa dreißigjährige Dame darin, die in einem Buche las, aber dabei vor sich hin summte und mit dem Mittelfinger der linken Hand immerfort leicht auf das Tischtuch klopfte. Als die jungen Leute sich niedergelassen hatten, wechselte sie den Platz, um ihnen den Rücken zuzuwenden. Sie sei menschenscheu, erklärte Joachim leise, und esse immer mit einem Buche im Restaurant. Man wollte wissen, dass sie schon als ganz junges Mädchen in Lungensanatorien eingetreten sei und seitdem nicht mehr in der Welt gelebt habe. «

Nicht mehr in der Welt leben! Ist das nicht insgeheim unser aller Traum? Eines der Bücher, das ich dabeihatte, war, neben dem *Zauberberg*, Jens Jessens *Was vom Adel blieb*, in der Jessen folgenden Satz seiner Mutter zitiert: » Unsereins ist fürs Sanatorium geboren. « Ich weiß, was sie meinte. Bei halb geöffnetem Fenster im Bademantel auf dem Bett liegen, den Blick auf die Berge, mit einem Buch auf dem Bauch einschlafen. Ich könnte das auch längerfristig...

Mein Lieblingsort in der Kuranstalt: der hiesige Sauna- und Spabereich, in dem übrigens keine Geschlechtertrennung herrschte. Für mich als nordischer Saunagänger kein Problem, für die weiblichen Gäste aus dem Orient ungewohnt. Immerhin gestattete mir dieser Umstand das Mithören allerlei Gespräche, die mir eine Ahnung davon vermittelten, dass, so interessant das alles mit der Ernährung und dem Fasten und dem Entschlacken auch sein mag, man ein monotones Dasein fristet, wenn sich bei einem irgendwann alles nur noch um die Pflege und Erhaltung des eigenen Körpers und eine möglichst makellose Ernährung dreht. Wenn man immer wieder mit anhören muss, welche fermentierten Substanzen die höchste probiotische Wirkung hätten, wie fantastisch inzwischen die Auswahl an Algen sei, dass Hanfmilch, auch wegen der Folsäuren und Omega-Fettsäuren, die einzig brauchbare Alternative zu Soja- oder Hafermilch sei, wie nahrhaft Avocados seien und dass diese sich auch als Gesichtsmaske eignen (jene Avocados wohlgemerkt, die ähnlich viele Flugmeilen auf ihren » Miles & More «-Konten haben wie die Damen selbst), kann man nicht anders, als sehnsüchtig an eine Welt zurückzudenken, als Übergewicht nicht das zentrale Problem der Menschheit war.

Für alle, die Yuval Noah Hararis *Homo Deus* nicht gelesen haben, hier ein paar Zahlen: » Während die reichen Bewohner von Beverly Hills sich an Gartensalat und gedämpftem Tofu mit Quinoa erfreuen, stopfen die Armen in den Slums und Gettos Schokoriegel, Käsesnacks, Hamburger und Pizza in sich hinein. Im Jahr 2014 waren mehr als 2,1 Milliarden Menschen übergewichtig, während 850 Millionen an Unterernährung litten. Für 2030 geht man davon aus, dass die Hälfte der Menschheit Übergewicht haben wird. 2010 starben rund eine Million Menschen an Hunger beziehungsweise Unterernährung, während der Fettleibigkeit drei Millionen zum Opfer fielen. «

Irgendwas läuft mit unserer Ernährung auf der Welt falsch. Sonst würden in armen Ländern wie Mexiko nicht so viele an Fettleibigkeit leiden, in unseren Breiten würden die erfolgreichsten Bestseller keine Diätbücher sein, und aus Ländern, in denen gerade erst der Wohlstand ausgebrochen ist, würden keine reichen Frauen zu Kuren ins Salzkammergut pilgern.

Drei Wochen dauerte mein Aufenthalt im Luxussanatorium. Eine berauschende Zeit. Auch schlanker war ich danach. Und vitaler. Das mit der Konzentration aufs Essen zog ich noch etwa zwei weitere Wochen durch, dann fiel ich zurück in alte Essmuster. Mein Bauchumfang ist inzwischen wieder fast so groß wie vor der Kur. Dennoch bin ich überzeugt, mir Gutes getan zu haben. Auch unsere Vorfahren, die Jäger und Sammler, kannten üppige und magere Zeiten, und Gewichtsschwankungen sind erwiesenermaßen überhaupt nicht ungesund, es ist nur mühsam, in Eile immer die Hosen zu finden, die einem gerade passen. Angeblich liegt die gesundheitsfördernde Wirkung des regelmäßigen Fastens auch gar nicht so sehr im Gewichtsverlust. 2016 erhielt der Japaner Yoshinori Ohsumi den Nobelpreis für Medizin für die Entdeckung, was im Körper Wunderbares geschieht, wenn man täglich einen 16-stündigen Essensverzicht hinnimmt (»intermittierendes Fasten«): Die Zellen werden ausgemistet. Der zu googelnde Fachbegriff lautet »Autophagie«. Der Körper verwertet, um für Ersatz für den ausbleibenden Nahrungsnachschub zu sorgen, zunächst alles in seinen Zellen, was er ohnehin längst loswerden wollte: schadhafte Proteine. Auf diese

Weise wird der Körper unter anderem krebsfördernde Acrylamide und durch freie Radikale geschädigte Proteine los. Dieses Ausmisten setzt angeblich sogar bereits nach zwölf bis 14 Stunden Fasten ein.

Die erste Lehre meiner Fastenkur ist also, regelmäßige, lange Esspausen einzuhalten. Da ich vor allem abends Appetit habe, gilt mein Ehrgeiz nun – in Ermangelung von Disziplin – der Einhaltung kleiner, fester Regeln. Regeln schaffen Routinen, und das schafft Gewohnheiten. Einmal (oder zweimal) die Woche faste ich nun ganz, 24 Stunden lang. Nach 20 Uhr (spätestens) esse ich nichts mehr, dafür zwinge ich mich nach etwa zwölf bis 14 Stunden Essenspause zum Frühstücken. Mein Magen ist morgens zu, dennoch esse ich jeden Tag morgens entweder ein Porridge oder Vollkornfrühstücksflocken, dazu Hanfmilch und Leinsamen und ein paar Apfelschnipsel.

Große Vorsätze – »Ich esse nie mehr Kohlenhydrate«, »Nie mehr Bier« –, das kann ich aus bitterer Erfahrung berichten, enden schnell in der Kapitulation. Ich versuche, mich an kleine, realistische Ziele zu halten und die dann stückweise nach oben zu korrigieren. Mein Tipp für Bierliebhaber für den Übergang ist übrigens: die Saure. So nennt man in Niederbayern, dem Herzen Bayerns, helles Bier, das zur Hälfte mit Mineralwasser vermischt wird.

Das Wichtigste: die Dinge vereinfachen! Die beste Diät für einen selbst *und* die Umwelt ist wahrscheinlich die »Planetary Health Diet«, die man wie folgt zusammenfassen kann: viel Grünzeug, möglichst kein Zucker, wenig Tier. Für die einfachste und zugleich effektivste Diät der Welt benötigt man weder Anleitung noch Ernährungsratgeber: FDH. Weniger essen. Mehr bewegen. Punkt.

* * *

Den eigenen Körper zu retten ist die eine, die Welt zu retten eine andere Sache. Man kann sich lange darüber streiten, ob die Ernährung der Welt mit Biolandwirtschaft gewährleistet werden könnte oder ob das nur mit industrieller Landwirtschaft und unter Zugabe hoch dosierter chemischer Substanzen machbar ist. Meine Vermutung ist, dass bereits der Begriff »die Welt ernähren« fehlgeleitet ist. Meines Wissens bereitet die Bekämpfung des Hungers Entwicklungshelfern gar nicht mehr so großes Kopfzerbrechen, 70 Prozent aller landwirtschaftlichen Produkte dieser Welt werden von Kleinbauern produziert. Die würden das mit der »Ernährung der Welt« vermutlich hinkriegen, wenn man ihnen dabei helfen würde und wenn wir nicht die Hälfte unserer Ackerflächen sprichwörtlich verwüsten würden, nur um unser Vieh zu ernähren, auf dessen massenhaften Verzehr wir bestehen. Mir schwant auch, dass es mittelfristig ziemlich egal ist, auf welche Art von Landwirtschaft wir setzen; wenn sich der westliche Lebensstil mit seinen Konsumgewohnheiten auf der ganzen Welt ausbreitet, wird keine Form von Landwirtschaft das »nachhaltig« bewältigen können.

Für mich ist die Beantwortung der Frage, ob man bio oder konventioneller Landwirtschaft den Vorzug geben sollte, recht einfach. Beim Kauf von Obst und Gemüse frage ich mich: Betrachte ich den Boden als wasserhaltendes Etwas, in dem die Pflanzen einfach nur gerade stehen sollen? Dann tut's auch Ware, die auf Kunstwolle in einem fabrikartigen Gewächshaus in Holland gewachsen ist. Oder finde ich, dass der Boden etwas Lebendiges sein sollte, das die Pflanzen mit Nährstoffen versorgt? Bei Fleisch frage ich mich: Sehe ich Tiere als Gegenstand, dessen Aufgabe sich darauf beschränkt, mit maximalem Output Eier, Fleisch oder Milch zu liefern, und der in Fabriken zu Hunderttausenden gehalten werden kann? Oder als Mitgeschöpf, das Recht auf eine artgerechte Behandlung hat? Dann fällt die Entscheidung leicht. Eckart von Hirschhausen schlägt übrigens vor, bei Lebensmitteln eine CO_2-Angabe auf die Verpackung zu schreiben, so wie auch Kalorien draufstehen, um so ein Bewusstsein dafür zu schaffen, dass eine Rindfleischsuppe zehnmal so viel Treibhausgase erzeugt wie eine Gemüsesuppe. »Dann denkt der Verbraucher: Ist die zehnmal so gut? Nö.«

Es gibt tatsächlich keinen wirksameren Hebel für die Verminderung von Emissionen und Ressourcenverschwendung als die eigene Ernährung. Man kann, vereinfacht gesagt, so viel fliegen, wie man will, das fällt im Vergleich zum Fußabdruck, den unsere Essgewohnheiten hinterlassen, kaum ins Gewicht. Im Schnitt verursachen die Deutschen mit ihrem privaten Konsum etwa 7,7 Tonnen CO_2 pro Kopf (der globale Durchschnitt ist übrigens 4,8 Tonnen). Bereits wenn wir aufhören würden, verarbeitete Nahrungsmittel (also Fertignahrung) und Fleisch zu konsumieren, wären wir schon mehr als eine Tonne los (im Vergleich: Der Verzicht auf Inlandsflüge würde gerade mal 0,28 Tonnen sparen).

Wie absurd, rein rechnerisch, unser Fleischkonsum ist, zeigt folgende einfache Rechnung: Für eine Kalorie, die wir als Fleisch konsumieren, sind zehn Kalorien nötig, die die Viecher als Futter bekommen.

Die bei Weitem schlechteste Klimabilanz hat Rindfleisch, gefolgt von Schweinefleisch, deutlich klimafreundlicher ist Geflügel, Wildfleisch belastet die Umwelt am wenigsten. Jeder Deutsche verzehrt täglich durchschnittlich 165 Gramm Fleisch. Wenn sich jeder auf ein Drittel davon beschränken würde – zurück zum Sonntags- oder Festtagsbraten –, würde jeder Einzelne im Jahr bereits mehr als 100 Kilogramm CO_2 sparen.

Auf die Gefahr hin, des sogenannten *virtue signalling* bezichtigt zu werden, hier ein paar Dinge, auf die ich beim Lebensmitteleinkauf zu achten versuche:

- Ich gebe mir Mühe, nur regionale Produkte zu kaufen! Im »LPG« in der Kollwitzstraße, Berlins Biotempel, gibt es über 18 000 Bioprodukte. Die meisten davon haben eine Ökobilanz, die selbst einen VW-Diesel blass werden lassen. Die Birnen sind aus Argentinien, es gibt 250 Bioweine aus allen Winkeln der Welt, und die hier gefragteste Milch ist aus einer bayerischen Molkerei statt aus dem brandenburgischen Umland. Von der breiten Auswahl an Avocados ganz zu schweigen. Auch ich mag Guacamole, aber wer regelmäßig Avocados isst, kann

44

sich auch gleich am Walfang beteiligen und sein Stör-Sushi in Kindertränen dippen. Ich habe mir vorgenommen, sie erst wieder zu essen, wenn ich in Acapulco oder sonst wo in Lateinamerika am Strand sitze, in absehbarer Zeit also wohl nicht.

- Ich lasse mich nicht mehr von Packungen täuschen, auf denen fröhliche Tiere über grüne Wiesen tollen! Je mehr Natürlichkeit ein Produkt durch putzige Bilder vorgaukelt, desto verdächtiger sind sie mir. Die beste, wenn auch ein wenig radikale Regel, die ich je bezüglich Lebensmitteleinkauf gehört habe, lautet: Kauf nichts, auf dem eine Aufschrift ist! Damit erledigt sich auch das mit dem Verpackungsmüll (und mit dem Bauchumfang). Meine größten Fressschübe ereilen mich eigentlich nur spätabends, da verlangt mein Gehirn nach Kohlenhydraten. Alles, was mir dann gefährlich werden kann, kommt in Verpackungen daher, angeführt von der Eiscreme von Ben & Jerry's. Habe ich gar nichts mit Verpackungen im Haus, fällt das aus, weil es kaum geschehen wird, dass ich mich stattdessen über die Radieschen hermache. Wenn man auf den Kauf von Dingen verzichtet, die verpackt sind, ist man auch wieder gezwungen, selbst zu kochen, statt Fertigprodukte zu kaufen.
- Wenn ich Verpacktes kaufe, dann greife ich gezielt zu Dingen, die im Glas verkauft werden. Der Transport von Glas ist verhältnismäßig aufwendig, deshalb hat die Industrie Interesse an Plastik- und Einwegverpackungen. Dinge, die im Glas ausgeliefert

werden, sind meist aus der Region. Außer beim Bier. Da muss man schon in Ober- oder Niederbayern wohnen, um für den Genuss bester Ware nicht die Ökobilanz von Avocado-Aficionados zu teilen.

- Die nächste – und schwerste – Regel: saisonal kaufen! Ich weiß, der Kasten, den einem der Bioladen zustellt, wenn man sich zum » Saison-Gemüse-Abo « entschieden hat, kann trostlos aussehen, aber erst der Zwang sich einzuschränken fördert die Kreativität und letztlich den Genuss. Wenn man immer alles haben kann, macht es am Ende auch gar keinen rechten Spaß mehr. Nichts ist so langweilig wie das Leben im Schlaraffenland. Wenn man versucht, sich » saisonal « zu ernähren (im Internet gibt es hilfreiche Kalender dafür), macht es auch viel mehr Spaß, sich Ausnahmen zu erlauben. Erdbeeren im Frühjahr fühlen sich dann fast so an, als würde man illegalen Kaviar aus dem Kaspischen Meer essen.

Wer wirklich an der vordersten Front der agro-ökologischen Revolution kämpfen will, für den gibt es übrigens noch den Weg als Mikrogärtner. Dem *urban farming*, den sich selbst versorgenden Kollektiven, gehört die Zukunft. Diversität, kleine Einheiten statt weltumspannende Nahrungskonzerne und Mega-Bio-Stores.

Es gibt inzwischen in den meisten Gegenden Deutschlands sogar Bauern, die Städtern, denen es im grünen Daumen juckt, kleine Parzellen zum Anbau von Gemüse zur Verfügung stellen. Für Berliner, die das reizvoll finden, aber den langen Weg vom Prenzlauer Berg raus nach Brandenburg scheuen, gibt es inzwischen sogar ein Start-up namens »IP-Garten«, der die Gärtnerarbeit für einen übernimmt. Man dirigiert dann vom Computer zu Hause oder per App, wann die Pflanzen gegossen und geerntet werden, echte Gärtner führen das für einen aus, die Ernte wird einem dann in einem urigen Holzkarton geliefert. Gartenarbeit soll ja, womöglich trifft das sogar auf die virtuelle zu, sehr therapeutisch sein. Und Selbstangebautes zu essen steigert die euphorisierende Wirkung des Essens angeblich. Ich versuche es – jeder große Weg beginnt mit einem kleinen Schritt – erst einmal mit Schnittlauch auf dem Fensterbrett. Das schmeckt köstlich auf Bauernbrot mit kalter Butter.

Übrigens hat Butter eine noch schlechtere Klimabilanz als Rindfleisch. Aber irgendwo hat mein grünes Gewissen Grenzen.

2 Autofahren

Das Ende der SUV-Kultur

Die Zukunft des Autos gehört den leichten,
schönen und schnellen Sportwagen.
Alle anderen müssen verboten werden.
Ulf Poschardt

Die Welt ist voller Paradoxien. Während wir alle ständig über Umweltschutz reden, steigt der Verkauf von Elbchaussee-Traktoren, auch SUVs genannt. Es ist noch nicht so lange her, da blickte man in Europa abschätzig auf die übergroßen und hässlichen amerikanischen Autos, mittlerweile ist der Hang zu großen Autos zu uns herübergeschwappt. Ein Drittel aller Autos, die in Europa verkauft werden, sind inzwischen SUVs. Wenn man an einem beliebigen Morgen durch die Wohnviertel von Besserverdienenden fährt, sieht man nur noch Kolonnen von BMW X5 und Audi Q5, aus denen dann zierliche – oft schon frühmorgens bemerkenswert raffiniert geschminkte – Damen aussteigen, um ihren Nachwuchs im Montessori-Kindergarten abzugeben und anschließend im Biomarkt ihre Einkäufe zu erledigen. Irgendjemand muss damit angefangen haben, dass er (oder sie?) fand, es sei von Vorteil, höher zu sitzen, weil man sich dadurch irgendwie überlegen und sicherer fühlt. Dann machte es einer dem anderen nach, bis es schließlich zu einem regelrechten Wettrüsten kam.

Dabei sind die Wurzeln des SUVs ehrenhaft. Erfunden wurde er ja eigentlich für englische Adelige. Die Aristos wollten sich einen Wagen für die Stadt sparen und für ihre Abstecher dorthin dasselbe Auto nutzen, das sie über die Woche hinweg nutzten, um geschossenes Wild, Fasane und ihre Hunde zu befördern. Als besonderes Statusmerkmal im London der 8oer-Jahre galten Rang Rovers, die mit Lehm- und Dreckspuren in Chelsea und Belgravia herumstanden. Sie wiesen einen als Mitglied dieser landansässigen Klasse mit Zweitwohnsitz in der Stadt aus. Neureiche Nachbarn ahmten das nach. Es wird erzählt, dass neureichere Rover-Besitzer bisweilen ihr Personal anwiesen, ihre Autos mit Lehmflecken zu drapieren, um mit den landbesitzenden Nachbarn mithalten zu können. Irgendwann hatte jeder diese Wagen, dadurch wurden sie, wie das so oft mit alten Statussymbolen geschieht, vulgär. Heute müssten, bevor man sich an solche Dinge wie » Verkehrswende « macht, als vorrangige Maßnahme sämtliche SUVs rückhaltlos aus den Städten entfernt werden. Einzelne Ausnahmen müsste man gestatten, aber nur gegen hohe Gebühren. Außerdem sollte die Zulassung mit der Auflage verbunden sein, neben dem obligatorischen Warndreieck und Sicherheitswesten mindestens einen toten Fasan im Kofferraum mit sich zu führen.

Das Geheimnis der Beliebtheit von » Sport Utility

Vehicles «, schrieb Ulf Poschardt einmal in einer richtungsweisenden Philippika über diese monströsen Statussymbole, sei die darin verbaute Freiheitssehnsucht, die Sehnsucht, » am Ende eines langweiligen, entfremdeten Lebens eben auch in die Wildnis abbiegen zu können «. Eine Illusion, die natürlich nie eingelöst wird: » Die meisten Fahrer eines SUVs haben sogar Angst, ihre polierten Felgen an einem Bordstein aufschrammen zu lassen. Die Besitzer sind Krieger ihrer enttäuschten Hoffnung über sich selbst. « SUV-Fahren, so Poschardt, vermittle einem ein Gefühl der Abschottung, was wiederum Empathie verhindere, was wiederum neue Vorurteile gegenüber SUV-Fahrern in ihren Blechbergen schüre. Wer sie fahre, bekenne sich zu seiner potenziellen Funktion als rollende Straßensperre und signalisiere damit, dass er jedes Bemühen um sozial verträgliches Verhalten im Straßenverkehr aufgegeben habe.

Dass Autos als Belästigung und Ärgernis empfunden werden, ist eine hocherfreuliche Entwicklung. Das gab es schon einmal, sogar noch extremer – zu Beginn des motorisierten Zeitalters.

Über Jahrhunderte waren Städte so gewachsen, dass sie auf Fußgänger ausgerichtet waren, noch um 1900 waren in allen Metropolen dieser Welt Straßen ein gemeinschaftlich geteilter Raum, ein Gewusel, in dem niemand besondere Vorrechte genoss und Fußgänger, Radfahrer, Straßenbahnen und wenige Kutschen den Platz gleichberechtigt unter sich ausmachten. Bis immer mehr Autos auftauchten und plötzlich Privilegien für sich beanspruchten. Bis sich die erste T-Modell-Revolution von Henry Ford durchsetzte, bis zum Ersten Weltkrieg etwa, waren Autos auf den Straßen etwas extrem Exotisches, sie waren zunächst gefährliche Spielzeuge für reiche Abenteurer und Angeber, dementsprechend wurde ihr Auftauchen im Straßenverkehr von der Allgemeinheit nicht nur nicht begrüßt, sondern löste regelrechte Hasswellen aus. Die ersten Autobesitzer Europas waren exzentrische Milliardäre wie Walter Rothschild (der 2. Baron Rothschild der britischen Linie), der auch einen privaten Zoo unterhielt und bisweilen auch mit zwei- oder gar vierspännigen Kutschen durch die Stadt zu fahren pflegte, vor die Zebras gespannt waren. Die ersten amerikanischen Autobesitzer gehörten zu jener transatlantischen Elite, die auf luxuriösen Dampfschiffen zwischen Europa und der US-Ostküste hin- und herschipperten und mit aller Gewalt versuchten, den opulenten Lebensstil der alten Elite Europas zu übertrumpfen. John Jacob Astor IV., der 1912 zu den 1495 Todesopfern beim Untergang der » Titanic « gehörte, besaß zum Zeitpunkt seines Ablebens 20 Automobile, darunter mehrere Sportwagen.

Die reichen Erben zwischen Monte Carlo, Biarritz und Long Island betrachteten Straßen vor allem als persönliche Rennstrecken, in den Tagebüchern von Willie Vanderbilt, einem typischen Playboy-Milliardär der frühen Jahre des 20. Jahrhunderts, findet man endlose Prahlereien, wie er mit seinem Mercedes-Simplex 40 hp den zuvor von Henri de Rothschild (vom französischen Zweig der Familie) gehaltenen Geschwindigkeitsrekord knackte (1904 erreichte Willie Vanderbilt bei einem Rennen in Daytona 148 Kilometer pro Stunde, ein spektakulärer Rekord, den er dann fast zwei Jahrzehnte innehatte). Zum Reiz des Autofahrens gehörte ausdrücklich ein elitäres, um nicht zu sagen dekadentes Halsbrechertum. In einem seiner seltenen Interviews erklärte Willie Vanderbilt: »Reichtum wirkt sich auf Ehrgeiz ähnlich aus wie Kokain auf die Moral.« Autofahren, so der Historiker Dan Albert in seinem Buch über die amerikanische Autoindustrie, versorgte die Erbengeneration der im »Gilded Age« angehäuften amerikanischen Vermögen mit jener Portion Nervenkitzel, den sie in ihrem Leben vermisste.

Dementsprechend war auch der Ruf dieser frühen Automobil-Enthusiasten. Der Historiker Dan Albert zitiert in seinem Buch über die Geschichte der Automobilindustrie einen Kommentar der *New York Times* aus dem Jahr 1902, in dem gegen eine geplante Schnellstraße auf Long Island gewettert wird. Dort ist von »verwöhnten Reiche-Leute-Kindern« die Rede, die teure Autos nur aus einem einzigen Grund führen, »weil sie teuer sind«. Der Kommentar fordert, diese Angeber für Geschwindigkeitsübertretungen nicht mit Geldbußen zu bestrafen, die ihnen ohnehin egal seien, sondern sie stattdessen besser einzusperren oder gleich »auf den elektrischen Stuhl zu setzen«.

Die Wut über sich auf den Straßen rücksichtslos breitmachende Autos war in Europa zum Teil sogar noch schlimmer als in Amerika, wie man beim Historiker Uwe Fraunholz *(Motorphobia)* nachlesen kann.

Die Erfindung des Flaschenpfands zum Beispiel geht auf den Druck zurück, den Automobilverbände vor dem Ersten Weltkrieg auf die Brauereien ausübten, um die Straßen von den Scherben zu befreien, die die Bevölkerung in Teilen Bayerns ausstreute, um die Autofahrer zu ärgern. Aufschlussreicher als spektakuläre Anschläge auf Autofahrer wie jener vom 2. März 1913, als Autohasser in Hennigsdorf, nordwestlich von Berlin, den 45 Jahre alten Juwelier Rudolf Plunz samt Familie in seinem Opel »Tornado« töteten, indem sie zwischen zwei Bäumen ein Drahtseil spannten, ist der Blick auf die vielen kleinen Zwischenfälle, von Peitschenhieben wütender Kutscher auf Wagenlenker oder Steinwürfe von Anwohnern auf vorbeifahrende Automobile. Der Protest gegen den im Umfeld der großen Städte rasch zunehmenden Verkehr war in den Frühzeiten des Automobils kein Nischenphänomen, sondern wurde von der breiten Öffentlichkeit geteilt.

Erst als ab Mitte der 1950er-Jahre Motorisierung langsam zum Massenphänomen wurde, legten Stadtbewohner ihre Feindseligkeit ab und reihten sich stattdessen in die wachsende Zahl der Autobesitzer ein. 1950 gab es in Westdeutschland erst 540 000 Pkws – weniger als einer von 100 Deutschen fuhr damals ein Auto. Noch Anfang der 1960er-Jahre wäre ein eigenes Auto für einen Arbeiter höchst ungewöhnlich gewesen, Angehörige der Mittelklasse, die sich ein Auto anschafften, ernteten dafür den Neid und die Bewunderung der Nachbarschaft. Zwischen 1950 und 1960 hat sich die Zahl der Autobesitzer in Deutschland fast verzehnfacht, von 540 000 auf 4,5 Millionen Pkws. 1965 gab es bereits doppelt so viele (9,3 Millionen), 1970 schon 14 Millionen, inzwischen gibt es auf unseren Straßen fast mehr Autos als Besitzer von Führerscheinen, was übrigens bedeutet, dass eine Menge Blech die meiste Zeit ungenutzt herumsteht, da die allermeisten Autofahrer maximal täglich eine Stunde in ihrem Fahrzeug verbringen.

Gibt es einen Weg zurück? Es macht sich ja glücklicherweise langsam die Einsicht breit, dass die Art und Weise, wie wir unsere Städte seit den 1920er-Jahren – und dann noch einmal in gesteigerter Form ab Mitte der 1950er-Jahre – den Autos untertan gemacht und wir unsere Städte nach den Bedürfnissen der Autofahrer ausgerichtet haben, ein Irrweg war. Moderne Stadtplaner träumen heute von Städten, in denen sich die Menschen wieder frei von Abgasen und Blechlawinen bewegen können, von Städten also, in denen es gar keine Autos oder zumindest keinen »motorisierten Individualverkehr« (MIV) mehr gibt, Autos »geshared« werden oder am besten alle nur noch in emissionsfreien, unbemannten Robo-Taxis unterwegs sind.

Ökoskeptiker halten es allerdings für unrealistisch, dass wir je wieder vom hart erkämpften Luxus des individualisierten Fortbewegens ablassen werden. Gerade wir Deutschen lieben unsere Autos, und wir teilen sie auch nicht gern. In seinem Buch *Demnächst ohne Auto*, einer Streitschrift *für* das Auto, schreibt der zur CDU konvertierte ehemalige Grüne Oswald Metzger: »Das Auto ist im Verhältnis zur Eisenbahn etwa das, was das Fernsehen im heimischen Wohnzimmer gegenüber dem Kino ist, das eigene Telefon gegenüber der öffentlichen Telefonzelle, das eigene Badezimmer gegenüber der öffentlichen Badeanstalt.« Es sei weltfremd, zu glauben, man könne die Entwicklung zurückdrehen und an die Stelle des Autos ein massiv ausgeweitetes Angebot öffentlicher Verkehrsmittel setzen.» Der Versuch wäre ungefähr so erfolgversprechend wie der, heutige Kommunikationsumfänge, wie wir sie mit unseren allgegenwärtigen Smartphones schon in Kinderhänden praktizieren, durch Rückkehr zu den früher doch so bewährten Festnetztelefonapparaten abzuwickeln.« Es werde keine autofreie Zukunft geben, sagt Metzger, dafür seien die Vorteile, die Autos gegenüber jeder Form von öffentlichem Verkehrsmittel hätten, einfach zu groß. Der Kern der Attraktivität des Autos, dass man unabhängig von anderen sei und jederzeit von überall nach überall fahren könne, sei unersetzbar. Metzger hält es sogar für unrealistisch, dass sich das Carsharing-Modell breitflächig durchsetzt. Wo es dies gibt, in Städten, gebe es bereits ein dichtes Netz öffentlicher Verkehrsmittel, dort seien solche Angebote eigentlich gar nicht nötig und verschlimmerten sogar die Verkehrsbelastung, da sie die Menschen dazu ermunterten, vom öffentlichen Nahverkehr auf diese kurzfristig per App gemieteten Autos umzusteigen. Und dort, wo solche Sharing-Angebote wirklich nützlich wären, in städtischen Randgebieten, wo das öffentliche Liniennetz ausgedünnt sei, lohne sich das Geschäft für die Betreiber nicht, da die Autos dort zu lange ungenutzt herumstünden.

Ich glaube, dass Metzger sich zum Teil irrt. Das hat aber weniger mit Praktikabilität zu tun. Denn aus praktischer Sicht sind Autos, am besten solche, die einem persönlich zur Verfügung stehen und nicht erst gesucht, gefunden und angemietet werden müssen, tatsächlich unschlagbar. Ich glaube aber, dass der Abschied vom Auto als Besitzobjekt und auch als bevorzugtes Fortbewegungsmittel das Resultat eines Mentalitätswandels sein wird. Ein Auto, das einem ganz allein gehört, in dem man dann auch ganz allein, umrandet von Tonnen von Metall und Technik, durch die Welt kutschiert, wird bald einfach archaisch wirken. Ein bisschen wie Kutsche fahren. Es sind die neuen Formen der Mobilität, die mit dem Hauch jener verwegener Fortschrittlichkeit und Technikbegeisterung daherkommen, die Anfang des 20. Jahrhunderts den frühen Automobilen anhafteten. Die Astors, Vanderbilts und Rothschilds begeisterten sich an den neuen Technologien der frühen Autos, die Superreichen unserer Tage begeistern sich an Elektromobilität und autonomem Fahren.

SUV-Fahrer sind somit auf verlorenem Posten und müssen schon von SPD-Politikern in Schutz genommen werden, wie dieser Post von Sawsan Chebli zeigt: »Möchte was mit euch teilen. Nach meinem Tweet zu #autofreierTag hat mich ein Freund angerufen. Er fährt einen #SUV. Er erzählt mir von Anfeindungen, die immer unerträglicher werden. Dieser Freund engagiert sich wie kaum ein anderer für unsere Gesellschaft, ein toller Mensch.« Offenbar findet dieser Mentalitätswechsel bereits statt.

» Wer früher Range Rover gefahren ist aus dem primitiven Grund, sich abzusetzen, greift heute zum Smart oder noch schlauer zum Fahrrad «, schreibt Ulf Poschardt. Das eigene Auto ist als Statusobjekt nicht mehr aktuell, moderner wirkt gekonntes Surfen durch die allerneuesten Mobilitätsangebote. In Berlin gibt es inzwischen so viele Möglichkeiten, mit Sharing-Angeboten bequem kreuz und quer durch die Stadt zu kommen, dass ich leider kaum noch einen Schritt zu Fuß gehe. Es macht schlicht zu viel Spaß, die verschiedensten Mobilitätsmöglichkeiten zu kombinieren. An jeder Ecke stehen irgendwelche E-Roller, die einen zur nächsten U-Bahn-Station oder zum nächsten Miet-E-Golf bringen. Dann gibt es noch den » BerlKönig «, der von einschlägigem Publikum besonders gern spätabends genutzt wird. Man ruft per App einen Shuttle, der holt während der Tour andere Fahrgäste ab und bringt einen mit kleinen Umwegen, dafür preiswert nach Hause oder in den Technoclub. Ähnlich funktioniert » CleverShuttle «, die schon in vielen deutschen Großstädten unterwegs sind, sie fahren einen sogar emissionsfrei mit Elektromotoren. Das alles ist beliebig kombinierbar mit U-Bahn, Bus und S-Bahn, E-Rollern, ShareNow, Uber, Free Now, Sixt Share, Mieträdern, Rikschas und bald dann eben auch selbstfahrenden Autos, die einen per Fingerschnipp abholen und zum Ziel bringen. Auf der Straße des 17. Juni gibt es bereits eine Teststrecke, auf der selbstfahrende Autos im normalen Straßenverkehr erprobt werden, in Hamburg und anderen Städten sind fahrerlose Mini-Shuttles

im Einsatz, nicht in Testprojekten, sondern im Regel-
betrieb.

Die Autoindustrie hat längst kapiert, dass das alte
Geschäftsmodell – Fabrik baut Autos, Kunden kaufen Autos – passé ist, deshalb haben alle großen Autokonzerne ihre Prognosen für den Absatz von Autos in
Nordamerika und Europa drastisch nach unten korri-
giert. Wachstum versprechen sie sich hauptsächlich von
den vier ACES – A steht für autonomes Fahren, C für
Connectivity, also die Vernetzung der durch die Autos
generierten Daten von Auto und Hersteller und auch
unter den Autos selbst, E steht für Elektrifizierung und
S für Sharing.

Meine Tochter ist kürzlich 18 geworden und will
so schnell wie möglich den Führerschein haben. Aber
sie träumt nicht, wie das für die Generation vor ihr
noch üblich war, vom eigenen Auto. Sie will jederzeit
und überall Mobilität, aber dafür muss sie nicht einen
tonnenschweren Wertgegenstand ihr Eigen nennen.
Moderne Autos (wie der ID.3 von VW) sind für die
Bedürfnisse dieser neuen Autofahrer-Generation maßgeschneidert, sie sind rund um die Uhr mit dem Werk
verbunden, erhalten von diesem regelmäßig Updates
(wie es diese Generation schon von ihren Smartphones
kennt) und erkennen den jeweiligen Fahrer, indem der
sein Smartphone mit dem Auto verbindet – künftig
funktioniert das sogar ohne Smartphone per Gesichts-
erkennung. Solche Autos muss man nicht mehr besitzen, sie werden sich aber wie eigene Autos anfühlen und
fahren lassen, da sie ihren Fahrer erkennen und ihn mit-

samt seinen Vorlieben, Fahrgewohnheiten und üblichen Zielen identifizieren können.

Je technisierter diese Autos sind, desto teurer werden sie auch und desto mehr wird sich auch das Sharing-Modell durchsetzen, weil es schlicht unökonomisch ist, ein eigenes dieser teuren Autos zu besitzen. Wenn es künftig überhaupt noch Autos gibt, die Statdtmenschen ihr Eigen nennen, werden es Miniatur-Autos sein wie der Microlino des Kickboard-Erfinders Wim Ouboter, die eher wie fahrende Ostereier aussehen und an den alten BMW Isetta erinnern. Mittlerweile sind die Fortschritte beim autonomen Fahren so weit, dass selbst konservative Kenner der Branche spätestens in zehn Jahren, also um das Jahr 2030 herum, fahrerlose Autos erwarten, die man dann einfach per App bestellen kann. Ein Kollege von mir, der Autojournalist Tom Drechsler, hat sich mit einer Virtual-Reality-Brille schon einmal die Zukunft des Individualverkehrs angesehen: »Da bestellst du dir dann abends in Hamburg per App ein fahrerloses Auto, steigst ein, schaust auf einem riesigen Bildschirm ein paar Serien und Nachrichten, legst dich zum Schlafen hin und wachst am nächsten Morgen ausgeruht in München auf, wie bei einem First-Class-Flug, nur halt auf Rädern und ohne dass du etwas dazu beitragen musst, wie das Auto fährt, das macht es alles allein, einschließlich des *pit stop* an der Tankstelle, um die Batterien aufzuladen.«

Autonomes Fahren ist längst keine Science-Fiction mehr, am weitesten ist neben Tesla die kalifornische Firma Waymo, die aus dem Zukunftslabor von Alphabet, dem Mutterkonzern von Google, hervorgegangen ist. Waymo ist mittlerweile mit Hunderten autonomen Testwagen in der Welt unterwegs, laut Statistik der kalifornischen Verkehrsbehörde muss ein Fahrer nur alle 18 000 Kilometer korrigierend ins Waymo-System eingreifen. Selbstverständlich wird es auch mit autonom fahrenden Autos künftig weiter Verkehrsunfälle und Todesopfer geben, doch deutlich weniger als heute, weil menschliches Versagen für 99 Prozent aller Unfälle verantwortlich ist und hoch technisierte, miteinander über 5G verbundene Fahrzeuge – ein entscheidender Vorteil gegenüber konventionellen Autos – von jedem Fehler jedes anderen Fahrzeugs auf der Welt lernen können.

Vor allem werden autonom fahrende Autos, wie gesagt, auf absehbare Zeit so teuer sein, dass sie sich für den individuellen Verkauf – außer für eine hauchdünne Schicht – nicht lohnen werden. Allein deshalb schon gehört die Zukunft der Autos der Sharing Economy. Der zentrale Sensor eines autonomen Fahrzeugs, der sogenannte LIDAR (Light Detection and Ranging), allein ist teurer als die meisten Autos, die auf dem Markt sind.

Wenn man mit Leuten in der Autoindustrie spricht, ist dort angesichts der Erosion ihres bisherigen Geschäftsmodells eine gewisse Panik spürbar. Als der spätere VW-Chef Herbert Diess Ende 2014 von BMW zu VW wechselte, um seinen damaligen Posten, den des Markenchefs, anzutreten, und er bei einer seiner ersten Sitzungen seine Manager bat, man möge ihm doch die Pläne für all die E-Autos zeigen, an denen gearbeitet werde, brachte er sie mit seiner Bitte in erhebliche Verlegenheit, seine Mit-

arbeiter konnten ihm nämlich gar nichts vorweisen. Inzwischen scheinen die deutschen Autokonzerne ein wenig aufgeholt zu haben, neben dem Bangen macht sich
mancherorts sogar eine gewisse Gründerzeit-Mentalität
breit. Mercedes (einer der frühen Anteilseigner von Tesla
übrigens), schon immer ein wenig fortschrittlicher als die
anderen deutschen Autofirmen, sieht sich längst nicht
mehr nur als Autohersteller, sondern auch als Mobili-
tätsdienstleister, betreibt in Singapur inzwischen fliegen-
de Roboter-Taxis und ist dank seiner Geschäftsbeziehun-
gen zum Geely-Gründer Li Shufu, den manche als Henry
Ford des neuen Zeitalters betrachten, strategisch nicht so
schlecht für die Zukunft aufgestellt.

Am dicksten aufgetragen wird das mit dem Grün-
derzeit-Spirit natürlich bei Tesla, dort herrscht ein geradezu missionarischer Eifer. Über dem Eingang der
Firmenzentrale im kalifornischen Palo Alto prangen in
silbernen Lettern die Worte: »Accelerate the world's
transition to sustainable energy«. Alle Technologien
von Tesla werden per Open Source sämtlichen Mit-
bewerbern zur Verfügung gestellt, der Anspruch ist,
nicht nur die saubersten und besten Autos der Welt zu
bauen, sondern den Verbrennungsmotor schlechthin
aus der Welt zu schaffen und alle, die dabei mithelfen,
zu unterstützen. Die Enthusiasten der neuen Elektromobilität träumen von einer Welt, in der Autos, Fußgänger und andere Verkehrsteilnehmer sicher und die
Städte sauber sind und der Verkehr, ungehindert und
leise, paradiesisch vor sich hinfließt.

Die Ironie ist, dass dies die frühen Hersteller

von Automobilen auch gehofft haben, als sie in den 1890er-Jahren die ersten Modelle auf den Markt brachten. Es ist ein doppeltes Déjà-vu, denn auch in den ersten Jahren der Autogeschichte genossen Nichtverbrennungsmotoren in der Neuen Welt große Beliebtheit. Im Jahre 1900 wurden in Amerika 4192 Autos verkauft, davon wurden 1681 mit Wasserdampf angetrieben, 1575 mit Elektrizität und nur 936 von einem Verbrennungsmotor. Das zentrale Versprechen der frühen Autolobby war, dass ein Verzicht von Kutschen zugunsten von Automobilen enorm viel Platz in der Stadt sparen werde, Autos sauberer seien als Pferde und dass die Städte, weil es dann nicht mehr dieses nervende Hufgeklappere überall gebe, nicht mehr so laut wären. Der Fehler, der damals gemacht wurde, war, dass man davon ausging, dass die paar Kutschen einfach durch ein paar wenige Autos ersetzt werden würden und ansonsten alles beim Alten bliebe. Man hatte übersehen, dass durch neue Mobilitätsmöglichkeiten sehr viel mehr Menschen in die Lage gebracht werden, unterwegs zu sein.

Machen wir heute einen ähnlichen Fehler? Wir ermöglichen immer neue Formen der Mobilität, lassen sie unbekümmert miteinander konkurrieren, sorgen dadurch für *mehr* statt weniger Verkehr, erhöhen damit unseren Energiebedarf und verschwenden wenige Gedanken auf die Frage, woher all der Strom (und all das Lithium und Kobalt) kommen soll. Und auch die vermeintlich sauberere Wasserstofftechnologie oder irgendwelche anderen Formen des Antriebs, von deren Existenz wir noch nicht wissen, zum Beispiel der Antrieb mit Zellchemie-Akkus, die ohne » Seltene Erden « auskommen, werden das Problem der Masse an Autos vielleicht nur verschärfen. Bevor wir also unser Land mit Aufladestationen überziehen, sollten wir vielleicht eher grundsätzlich darüber nachdenken, wie wir uns Mobilität – in den Städten, zwischen den Städten und auf dem Land – künftig vorstellen. In den autobegeisterten 60er-Jahren des vergangenen Jahrhunderts war man ja der Ansicht, Städte müssten besonders autogerecht sein. Das lässt sich, wie Kopenhagen, Zürich und Amsterdam zeigen, recht schnell wieder rückgängig machen – und wie man an den genannten Städten sieht, nicht zuungunsten der Lebensqualität.

Jedenfalls können wir uns von dem Gedanken verabschieden, dass Mobilität mit dem Besitz eines Fahrzeugs einhergehen muss. Wenn es überhaupt noch Autos geben wird, die für den individuellen Verkauf hergestellt werden, werden dies absolute Luxus-Nischenprodukte sein oder, für ein breiteres Publikum, Autos, die nur noch ganz wenig mit den Autos, wie wir sie bisher kannten, gemein haben: winzige, minimalistische, gesichtslose, auf reine Praktikabilität und Effizienz getrimmte Fahrcomputer, wie jene neue Generation von Smarts, die vom chinesischen Marktführer für E-Autos Geely, in einem Joint Venture mit Daimler-Benz in China ab 2022 gebaut werden.

Lustigerweise kehrt Smart mit seiner neuen Baureihe gewissermaßen zu seinen Wurzeln zurück. Der Ur-Smart, wie er einst vom genialen Schweizer Pionier Nicolas Hayek erfunden wurde, war darauf ausgelegt, die

Art, wie wir über Autos nachdenken, zu revolutionieren. Als Hayek Anfang der 1990er-Jahre über eine neue Art des Autos nachdachte, hatte er nicht nur ein äußerst sparsames und umweltverträgliches Mikrokompaktfahrzeug im Sinn, seine Vision war es schon damals, dass Autokonzerne statt Blech und Aluminium doch viel eher Mobilität an die Kunden verkaufen sollten, die nach gefahrenen Kilometern abgerechnet wird, inklusive Service und Reparaturen, und dass die Hardware im Firmenbesitz bleiben sollte, um diese dann am Ende des Lebenszyklus jedes Fahrzeugs wiederzuverwenden. Den Begriff » Upcycling« kannte man damals noch nicht, doch Hayek sprach schon davon, die Komponenten nach Rücknahme komplett wiederzuverwerten. Die Einzelteile des Smarts sollten deshalb ursprünglich auch nicht verschweißt, sondern *verklebt* werden. Nach etwa fünf Jahren Nutzung sollte der Smart – kein Witz – in ein Enzymbad kommen, in dem die Klebstoffe aufgelöst und die Komponenten anschließend wieder für die Herstellung neuer Fahrzeuge verwendet werden sollten.

Hayek wurde damals für verrückt gehalten. Von seiner Vision hat sich immerhin die Idee, Mobilität statt Fahrzeuge zu verkaufen, durchgesetzt. Vor 30 Jahren galt das als unrealistisch. Die Leute waren stolz auf das familieneigene Auto und dekorierten es nach Gusto mit Wunderbäumen und Häkelware. Heute ist *shared mobility* eine Selbstverständlichkeit.

Manchmal dauern Revolutionen eine Weile, aber wenn sie dann da sind, kann sich niemand mehr vorstellen, wie es vorher war.

3 Reisen

Fliegen als dekadenter Luxus

Der Tourismus zerstört,
was er sucht,
indem er es findet.
Hans Magnus Enzensberger

Stellt es nicht eigentlich einen Verlust an Lebensqualität dar, dass das Reisen keine Spur von Abenteuer
mehr birgt? Jedenfalls ist es kein gutes Zeichen für den
Zustand unserer Zivilisation, wenn das vordringlichste
Problem beim Fliegen die Tatsache zu sein scheint, dass
man keine Gratiserdnüsse mehr bekommt und der
Sitzabstand zum Vordermann zu gering ist. » Erst war
unser Flieger zwei Stunden verspätet, und dann haben
wir danach noch mal eine geschlagene Stunde auf dem
Rollfeld gestanden. « Mit solchen mit Empörung vorgetragenen Sätzen schildern Leute heutzutage die
Herausforderungen jener einst abenteuerlichen Errun-
genschaft der Luftfahrt und offenbaren damit, wie – im
wahrsten Sinne des Wortes – abgehoben wir alle inzwischen sind. Ich schließe mich da ausdrücklich ein.
Obwohl ich so alt noch gar nicht bin, erinnere ich mich

noch an die Zeit, als das Fliegen etwas Besonderes war. Man buchte seine Flüge weit im Voraus, damit sie möglichst erschwinglich waren, fand sich zum gegebenen Zeitpunkt in einem Reisebüro oder der Niederlassung einer Fluggesellschaft ein, bekam, im Tausch gegen eine größere Summe Geld, ein auf harter Pappe ausgedrucktes Flugticket ausgehändigt, das man anschließend wie einen Schatz hütete, und trat dann irgendwann, zwischen all den routinierteren Reisenden deutlich als Gelegenheitsflieger erkennbar, mit gewisser Nervosität seine Reise an. Heute drücke ich zweimal in einer entsprechenden App auf meinem Handy herum und fliege für den Preis eines Mittagessens quer durch Europa.

Man begegnet im Flugzeug inzwischen auch nur noch sogenannten Vielfliegern, und wenn man dann doch neben jemandem sitzt, der sich beim Start angespannt an der Armlehne festhält und danach voller Begeisterung am Knopf der Rückenlehne rumspielt und vielleicht noch interessiert im überflüssigen Bordmagazin blättert, kommt – jedenfalls bei mir – fast schon gönnerhaftes Mitgefühl auf. Dabei müsste man es eigentlich als ausgesprochenes Glück bezeichnen, einem der wenigen Menschenexemplare begegnen zu dürfen, für das das alles keine Selbstverständlichkeit ist, und müsste ihm in jeder Hinsicht beipflichten, etwa indem man beim Verzehr der ausgehändigten Speisen euphorisch den berühmten Satz Loriots zitiert: »Der Mensch ist das einzige Wesen, das im Fliegen eine warme Mahlzeit zu sich nehmen kann.«

Neulich ist es mir – bedingt durch einen terminlichen Engpass – gelungen, die Abenteuerlichkeit des Reisens wenigstens für ein paar Stunden zurückzuerobern. Ich hatte abends einen Termin in Berlin, musste aber am nächsten Morgen um elf Uhr in Krakau sein. Die Entfernung zwischen Berlin und Krakau beträgt etwa 530 Kilometer, eine Strecke, die ich als moderner, großstädtischer Mensch in Eile normalerweise fliegen würde – wenn auch mit schlechtem ökologischen Gewissen. Nur gab es weder frühmorgens noch spätabends einen Direktflug, und ein Flug via Warschau hätte mich nicht rechtzeitig zum Ziel gebracht. Nach einiger Recherche musste ich leicht beunruhigt feststellen, dass die einzige Möglichkeit eine Reise per Flixbus über Nacht war. Einstieg um kurz vor Mitternacht an dem an Glamourfaktor noch deutlich ausbaufähigen Zentralen Omnibusbahnhof am Berliner Messegelände, Ankunft in Krakau um neun Uhr morgens. »Da wirst du die echten Helden Europas sehen«, sagte mir mein Freund, der Journalist Stefan Meetschen, als ich ihm von meinem Reiseplan berichtete, mit einer Mischung aus Schadenfreude und Enthusiasmus. Stefan lebt seit vielen Jahren in Polen. »Frauen, die wochenlang Ehemann und Kinder allein lassen müssen, um durch schlecht bezahlte Haushaltsdienste ihren Hausbau oder Medikamente für ihre Familie zu finanzieren, Bauarbeiter, die in Deutschland nur Arroganz gewöhnt sind und denen es unglaublich guttun wird, von einem Deutschen zur Abwechslung mal mit Respekt behandelt zu werden. « Eine Reisezeit von mehr als neun Stunden bringt verwöhnte Fatzkes wie mich normalerweise quer über den Globus, diesmal ging die Reise via Cottbus, Breslau, Kattowitz und diversen Zwischenstopps an einsam gelegenen Tankstellen ins verhältnismäßig nahe Krakau. Natürlich tat ich die ganze Nacht kein Auge zu. Erstens, weil dafür der Sitz zu unbequem war, zweitens, weil ab Cottbus die Qualität der Straßen rapide abnimmt und man im Bus wie in einem Cocktail-Shaker durchgerüttelt wird, und drittens, weil die Gespräche an Bord dafür zu interessant waren. Kein Zug und erst recht kein Flugzeug stellt bei den Reisenden auch nur annähernd das Gemeinschaftsgefühl her wie eine nächtliche Reise im Bus. Keine Geschäftsreisenden, die ihre Gesichter hinter Zeitungen verstecken, keine Gschaftlhuber, die mit angestrengter Miene auf ihren Laptops rumhacken, dafür tatsächlich die von Stefan angekündigten Damen mit ihren aus Lkw-Planen hergestellten Riesentüten.

Man setzt sich auf solchen Reisen übrigens nicht einfach auf seinen zugewiesenen Platz. Man stellt sich artig vor und erzählt, was man macht und wohin man fährt, man tauscht Erfahrungen aus und vertreibt sich die Nacht mit plaudern. Hinter mir saß eine Gruppe schwedischer Studenten, deren Reiseziel Auschwitz war und die eine junge Dame aus der Ukraine, die neben ihnen saß, aufs Charmanteste beflirteten, obwohl sie in jedem dritten Satz ihren in Berlin lebenden Freund erwähnte und damit ernsthaftere Annäherungsversuche erfolgreich abwehrte. Auf die Frage, was sie beruflich tue, druckste sie herum, gab aber immerhin preis, dass sie davon träume, in Deutschland einen Job als Verkäuferin zu bekommen. Zu vorgerückter Stunde begann eine Gruppe freundlich wirkender und stark nach Tabak riechender Männer ihre mitgeführten Würste und Brot zu teilen. An Schlafen war, wie gesagt, nicht zu denken. Endlich mal wieder eine Reise, auf der man statt schlechten Kaffees ein wenig Demut tanken kann. Wenn man fliegt, ist die meistgenutzte Vokabel der Mitreisenden »Unverschämtheit!« oder, wenn man international unterwegs ist, »outrageous!«; das Wort, das mir von meiner nächtlichen Fahrt im Flixbus nach Polen in Erinnerung geblieben ist, ist »dziękuję!« (danke!).

Ich würde lügen, wenn ich verschweigen würde, dass ich als Zombie in Krakau ankam. Aber ist das nicht eigentlich das Mindeste, was man nach einer Reise quer durch Europa erwarten sollte? Wann hat sich eigentlich der Anspruch durchgesetzt, dass das Reisen unbedingt bequem sein muss? Für die Rückreise nutzte ich eine bequeme Flugverbindung der staatlichen Fluggesellschaft LOT. Auch wenn mein Anschlussflug natürlich Verspätung hatte, war die Rückreise bar jeder erinnerungswürdigen Erfahrung. Ich passierte den Flughafen Warschau, der bis vor ein paar Jahren noch einer dieser typischen Ostblock-Flughäfen im Lenin-Barockstil gewesen sein muss, inzwischen aber mit Starbucks, McDonald's-Filialen und Duty-free-Bereich gesegnet und von Terminals in Stuttgart oder Oslo nicht mehr zu unterscheiden ist. Ich befand mich wieder in Gesellschaft der üblichen Schar Geschäftsreisender mit ihren Wichtig-wichtig-Gesichtern und routiniert rüpelhafter Vielreisender, jenem besonderen Menschenschlag, der sich grundsätzlich vordrängelt, Verspätungen als Anschlag auf die von der UNO verbrieften Menschenrechte empfindet und sich berechtigt fühlt, seine schlechte Laune am Bodenpersonal der jeweiligen Fluggesellschaft auszulassen.

In der Sicherheitsschleuse am Flughafen London-Heathrow stehen inzwischen sogar Warnhinweise, auf denen eigens darauf hingewiesen wird, dass rüpelhaftes Benehmen in der Sicherheitsschleuse nicht geduldet werde und man das Personal nicht zu beschimpfen habe. Eigentlich sollten diese Schilder als Zeichen der Zeit genügen. Als Menetekel, dass das Ende des Vielflieger-Zeitalters gekommen ist.

Können wir, was unsere Fluggewohnheiten anbetrifft, bitte die Zeit zurückdrehen? Und zwar am besten exakt zur Epoche glamouröser Pan-Am-Flüge? Ich bin neulich über deren alte Werbemotive gestolpert. Genau so soll das Fliegen wieder sein! Man möchte vor einem weißen, steifen Tischtuch sitzen, darauf soll eine kleine Vase mit Röschen stehen, und man will von Stewardessen in blauen Uniformen und mit hochgesteckten Haaren bedient werden. Und in der Kabine sollen Damen in eleganten Kostümen und Herren in gut geschnittenen Anzügen sitzen und Zeitung lesen. Eine Rückbesinnung auf die Zeit, als man, wenn man sich auf eine Flugreise begab, noch auf seine Kleidung achtete, weil das Fliegen etwas Besonderes war, ist in meinen Augen – angesichts von Reisenden, die in Jogginghosen oder, noch schlimmer, Hotpants, in denen sich die primären Geschlechtsorgane abzeichnen, unterwegs sind – eine der dringlichsten Klimaschutzmaßnahmen überhaupt. Fliegen, sagt der grün-radikale Postwachstums-Ökonom Niko Paech ganz richtig, ist ein dekadenter Luxus. Meine Forderung ist, dass es als solcher auch wieder erkennbar sein muss.

Im Moment sind Flugreisen eher eine Zumutung, und dafür gibt es zwei Hauptverantwortliche. Beide sind natürlich Briten. Der eine ist Richard Reid, der »Schuhbomber«, der 2001 versucht hatte, in den Sohlen seiner Schuhe Sprengstoff an Bord eines Flugzeugs zu schmuggeln. Ihm haben wir zu verdanken, dass wir bei den unwürdigen Sicherheitsprozeduren am Flughafen auch noch unsere Schuhe ausziehen müssen. Der andere ist John Murray. Er veröffentlichte 1836 den ersten Reiseführer der Welt. Murray ist einer der Pioniere jener Plage, die wir heute Tourismusindustrie nennen. Er ist übrigens auch Erfinder des Bewertungssystems mit Sternchen, das heute auf Apps wie Amazon, Qype und Uber allgegenwärtig ist, er brockte uns ein, dass sich heute jeder berechtigt fühlt, alles – und bald womöglich auch jeden – mit Sternen zu benoten.

Die Erfindung des systematisch betriebenen Tourismusgeschäfts fällt in die Zeit der Industriellen Revolution und bediente ursprünglich die Fluchtbewegung des Proletariats aus den stinkenden Wohn- und Produktionsstätten Nordenglands. Zuvor waren schon vereinzelt unterbeschäftigte englische Adelige, meist jüngere Brüder von Erben, die zu Hause verzichtbar waren und auch in Kirche, Diplomatie oder Armee nicht gebraucht wurden, in Knickerbocker-Hosen durch griechische Tempelruinen gestapft, aber zum Massenphänomen wurde der Tourismus erst, seitdem es Industriestädte gibt und es kommerziell ausgeschlachtet wurde, dass man sich danach sehnt, diesen zu entfliehen. Der erste Touristikunternehmer der Welt, Thomas Cook, ein baptistischer Laienprediger und Anhänger der Abstinenzler-Bewegung, begann sein Geschäft damit, dass er Ausflüge für Arbeiter aus den Industriestädten hinaus aufs Land organisierte, die von Blaskapellen und Picknick begleitet wurden. Hauptziel des frommen Mannes war, das englische Proletariat für ein paar Stunden vom Trinken abzuhalten, ein Projekt, das, wie alle wissen, die schon einmal auf Mallorca waren, langfristig gründlich gescheitert ist.

Vielleicht war der Zusammenbruch des Thomas-Cook-Konzerns 2019, rund 180 Jahre nachdem er von einem Mann mit offenbar guten Vorsätzen, aber mit entsetzlichen Folgen gegründet worden war, eine Zäsur, die wir hätten ernst nehmen sollen. Bereits als er starb, 1892, ahnten aufmerksame Beobachter ja, dass Cook mit dem Massentourismus ein Monster geschaffen hatte. In seinem ansonsten höchst respektvollen Nachruf in der Londoner *Times* heißt es mit deutlich snobistischem Unterton: »Wenn doch nur die Firma die Verbesserung von Geist und Manieren in derselben Weise garantieren könnte, wie sie eine bequeme Reise garantiert.«

Schon bald war nämlich offensichtlich, dass mit dem neuen Menschentyp Tourist ein bemitleidenswertes Scheusal geschaffen worden war. In unserem kollek-

tiven Bewusstsein nimmt er zu Recht einen festen Platz
als Inbegriff des Philisters, des ahnungslosen Tölpels,
ein. Schlimmer noch als der Tourist Typ Dummerjan,
wie er von Gerhard Polt in »Man spricht deutsh« aus
dem Jahr 1988 verkörpert wird, ist nur noch der Typus
des scheinbaren Auslandskenners, der wichtigtuerisch
den falschen Wein bestellt, dies dafür aber in gebroche-
ner Landessprache, wie er in dem Filmklassiker vom
großen Dieter Hildebrandt gespielt wird. Als Schwär-
me von Riesenbakterien beschrieb Gerhard Nebel Anfang der 1950er-Jahre den Touristen. »Der abendlän-
dische Tourismus«, so der konservative Kulturkritiker
schon damals, »ist eine der großen nihilistischen Be-
wegungen, eine der großen westlichen Seuchen, die an
bösartiger Wirksamkeit kaum hinter den Epidemien
der Mitte und des Ostens zurückbleiben, sie aber an
lautloser Heimtücke übertreffen.«

Die Denunziation des Tourismus hat natürlich einen
langen Bart. Nichts ist leichter, als über Touristen die
Nase zu rümpfen, die auf der Suche nach dem Ursprünglichen dieses zertrampeln. Beim Hohn über Touristen
schwingt, wie natürlich auch bei meinen Einwänden
gegen die Verpöbelung des Flugverkehrs, eine gehörige
Portion Snobismus, vielleicht sogar hässlicher Elitismus
mit. Nach Hans Magnus Enzensbergers Schrift über den
Tourismus aus dem Jahr 1958 reagieren Stimmen, die sich
über die Hässlichkeit dieses Phänomens erheben, in der
Regel auf die Bedrohung oder Vernichtung ihrer privilegierten Stellung: »Implizit verlangen sie, das Reisen
solle exklusiv sein, ihnen und ihresgleichen vorbehalten

bleiben.« Bereits im Jahre 1903 erschien ein Buch mit dem Titel *Reisen in der guten alten Zeit*, Enzensberger zitiert daraus Sätze wie »Vor vierzig Jahren gab es gemütliche Hotels, aber keine ungemütliche Masse« und »Touristen waren damals eine Seltenheit, und der billige Reisepöbel von heutzutage fehlte ganz«.

Die Snobismus-Keule ist hart. Aber ist sie auch berechtigt? Snobismus kann ja pädagogisch durchaus eine sinnvolle Funktion haben. Wenn Verhalten, das gesellschaftlich erwünscht ist und in privilegierteren Kreisen praktiziert wird, von den nachrückenden Schichten nachgeahmt wird, ist Snobismus ja vielleicht sogar vorteilhaft. Wenn es zum Beispiel nicht mehr als begehrenswert gilt, zweimal im Jahr auf die Seychellen oder auf die Malediven zu jetten, sondern stattdessen Bergwanderungen oder Touren durch den Harz als der letzte Schrei gelten, freut sich das Klima. Längst hat sich eigentlich herumgesprochen, dass Reisen nichts mit Erholung zu tun hat. Es geht uns beim Reisen, wie Harriet Köhler in ihrem Buch *Gebrauchsanweisung fürs Daheimbleiben* enthüllt hat, um das Stillen unseres Fernwehs. Und das, schreibt sie mit Betonung auf das Weh in dem Wörtchen Fernweh, ist etwas für Leute, die unter einem Gefühl des Defizits leiden: »Wir sehnen uns vor allem nach einem anderen Leben – danach, nicht nur die winterliche Wollunterwäsche, sondern auch den Alltag abzustreifen. Danach, dass sich unter einer fremden Sonne alles auflöst, was uns von uns selbst entfernt.« Was uns in die Ferne treibt, so Harriet Köhler, sei die Sehnsucht, unser Alltags-Ich abzustreifen: »Steckt nicht in jeder von uns der Glamour einer Pariserin? Wir müssten nur durchs Marais flanieren. Sind wir nicht eigentlich großstädtische Kosmopoliten? Auf nach New York!« Nun ist es aber so, dass wenn sich mehr und mehr Leute, die als Vorbilder des guten Geschmacks gelten und sich *nicht* als Menschen mit Defiziten empfinden, darauf besinnen, auch ohne die Fassaden fremder Städte glamourös sein zu können, dann fällt ein Hauptargument des Reisens flach.

Die Veränderung der Bedürfnisse der oberen Zehntausend verändert die Dynamik, es entstehen neue Begehrlichkeiten. Einer der Gründe, warum Thomas Cook 2019 pleiteging, war, dass deren Manager nichts von Snobismus verstanden und den Trend zur Individualreise verpasst hatten und stattdessen stumpf an einem Konzept von Touristik festhielten, das schon lange überholt ist. Reiche Leute empfinden es heute zum Beispiel als den Gipfel des Luxus, auf Luxus zu verzichten. Sie trecken dann durch Island oder Norwegen, machen Zeltsafaris, schlafen unter freiem Himmel und zahlen für diese Authentizität und Ursprünglichkeit simulierenden Erfahrungen, wie man sie über hippe Reiseportale wie Canopy & Stars buchen kann, dann Fantasiepreise, während es für Menschen mit verhältnismäßig schmaler Geldbörse inzwischen normal ist, sich im Urlaub mal ein richtig teures Hotel zu leisten. Vor Luxushotels stehen heute Reisebusse, während die einstigen Gäste dieser Hotels beim Glamour-Camping, beim »Glamping«, sind. Da sich wohlhabende Menschen offenbar nach Einfachheit und ärmere Menschen nach Luxus sehnen, könnte man den Gedanken sogar weiterspinnen und behaupten, dass den Reichen Verzicht viel eher zuzumuten ist als den Ärmeren. Wer in einer Platte wohnt, hat dann eigentlich mehr Recht, nach Mallorca zu fliegen als der, der in einer Villa im Grünen wohnt.

***

Als ich etwa zwölf Jahre alt war, durfte ich mit meiner älteren Schwester einmal nach Dallas fliegen. Als ich nach den Ferien in die Schule zurückkehrte, war ich der Junge, der schon einmal in Amerika war. Bis vor Kurzem – aber da scheint tatsächlich ein Sinneswandel einzusetzen – wurden meine Kinder in der Schule mitleidig angeschaut, wenn sie wieder nur am Bodensee gewesen waren und ihre Klassenkameraden aus Peru und Thailand zurückkehrten.

Wie konnte es so weit kommen, dass Fernreisen zum Bestandteil der Menschenrechte jedes Mitteleuropäers wurden? In meiner Familie galten Urlaubsreisen immer als etwas zutiefst Spießiges. Schon der Begriff » Urlaub « war uns fremd. Mein Vater erklärte mir, dass Urlaub vom Wort » erlauben « komme und damit ursprünglich die Erlaubnis gemeint gewesen sei, sich vom Hof zu entfernen, an den man, abgesehen von den kirchlichen Feiertagen, rund ums Jahr gebunden gewesen sei. Auch wenn mein Vater Angestellter war, erst für den Jagdschutzverband, dann als Chefredakteur einer Jagdzeitschrift, vertrug sich ein Knechtschaftsverhältnis, wie es im Wort » Urlaub « zutage trat, nicht mit seinem Selbstverständnis. Wir benutzten das Wort

» Ferien «. Und Ferien hieß für uns, Verwandte zu besuchen, bei denen man mit meinem Vater auf die Jagd gehen konnte. Eigentlich habe ich meine Ferien hauptsächlich im Wald verbracht oder bei meiner geliebten Großtante, genannt » Tata «, im Schwarzwald, ganz in der Nähe vom schönen Titisee. Und ich habe an diese Ferien mehr schöne Erinnerungen als an diverse Flugreisen, die ich später getätigt habe.

Wenn es stimmt, dass jeder Deutsche im Schnitt fast acht Tonnen Kohlendioxid im Jahr verursacht (ein Afrikaner: 0,9 Tonnen) und ein Flug München–New York allein mit 2,5 Tonnen zu Buche schlägt, dann müsste das Fliegen eigentlich so teuer werden, dass sich nur noch komplette Idioten oder Millionäre Flüge leisten. Die erste Klasse sollte so absurd luxuriös gestaltet sein, dass man dort meinetwegen Minigolf spielen und in den Jacuzzi steigen kann, dann sollte es eine zweite Klasse geben, nennen wir sie Businessclass, die auch absurd teuer ist, wofür man dann allerdings wenigstens eng sitzen kann, etwa so eng wie auf Ryanair-Flügen, und der Service sollte entsprechend unverschämt sein. So würden Geschäftsreisende bei ihren Vorgesetzten rebellieren und darauf pochen, die internationalen Meetings mit Videokonferenzen zu lösen. Und dann darf es meinetwegen noch eine Touristenklasse geben, die aber auch nicht sehr viel preiswerter sein darf, für jene, die einfach hartnäckig sind und sich nicht vom Fliegen abhalten lassen. Dort müsste man dann aber aufrecht angeschnallt im Stehen fliegen müssen.

Die Verteidiger des Billigfliegens betonen dessen

demokratischen und egalitären Aspekt, lassen aber außer Acht, dass es bei den billigen Reisen häufig nicht um Horizonterweiterung geht, sondern zum Beispiel darum, dass englische Biertouristen ihre Junggesellenabschiede in Ljubljana oder Tallinn verbringen können. Wäre es nicht ein Segen, wenn sie in Birmingham bleiben müssten?

Wäre es denn wirklich schlimm, wenn sich künftig nur sehr wenige Leute das Fliegen leisten könnten? Wer behauptet, so eine Forderung sei elitistisch, übersieht, dass die Forderung, auch Geringverdiener sollten sich Reisen in ferne Länder leisten können, auch Bewohner von Schwellen- und Entwicklungsländern mit einschließen müsste, um nicht elitistisch zu sein, schließlich ist es eine hauchdünne, privilegierte Schicht der Erdbevölkerung, für die das Fliegen überhaupt eine Option ist. Lediglich drei Prozent der Menschheit betreten überhaupt mehr als einmal im Jahr ein Flugzeug.

Wenn ich nur einmal zwischen München und New York fliege, verursache ich damit mehr als doppelt so viel Emissionen, als ein durchschnittlicher Afrikaner über ein ganzes Jahr hinweg mit all seinen Aktivitäten und seinem Konsum verursacht. Jeden Tag fliegen 65 000 Passagiere zwischen deutschen Städten hin und her, mehr als 47,1 Millionen Menschen entschieden sich im Jahr 2019 bei innerdeutschen Strecken für das Flugzeug, darunter vermutlich viele, die Müll trennen und Greta Thunberg gut finden. Ist denen allen bewusst, dass sie durch einen einzigen Inlandsflug – ein Flug zwischen Berlin und München verursacht etwa 122 kg

CO_2 – alle Einsparungen, die sie durch das Verwenden von Mehrwegbechern, das Radfahren, das Kaufen regionaler Produkte und das Verwenden von Energiesparlampen herausgeholt haben, auf einen Schlag komplett sinnlos erscheinen lassen? Dabei ist der Zeitgewinn, wenn man die ökologischen Kosten danebenstellt, unverhältnismäßig gering. Wer von München oder Hamburg nach Frankfurt fliegt, gewinnt dadurch – mit all der An- und Abreise zum Flughafen, dem Warten in Schlangen und all dem Zinnober – maximal 60 Minuten, sorgt aber für einen rund 13-mal so hohen CO_2-Ausstoß (da sind andere Emissionen wie Schwefel- und Rußpartikel nicht einmal eingerechnet).

Wahrscheinlich sollte man tatsächlich als allererste Maßnahme innerdeutsche Flüge, außer für Zubringerflüge zum nächsten Drehkreuz, zur Absurdität erklären. Schon heute könnten wir, sogar ohne neue Infrastruktur, 150 000 Inlandsflüge mühelos ersetzen, sagt Michael Müller-Görnert vom Verkehrsclub Deutschland.

Hatte es vielleicht sogar einen tieferen Sinn, dass der neue Berliner Flughafen BER nie fertig werden wollte? Vielleicht wusste der Flughafen von sich aus, dass er eigentlich Quatsch ist. Zur Erinnerung: Geplant und gebaut wurde der BER nicht, weil Deutschland einen neuen Großflughafen brauchte – mit Frankfurt und München, dazu Zürich, Wien und Amsterdam hat Mitteleuropa aus verkehrsstrategischer Sicht eigentlich bereits mindestens zwei Drehkreuze zu viel. Verkehrstechnisch effizienter wäre es, kleinere Flughäfen würden auf Direktverbindungen zu den meisten Destinationen verzichten und als Zubringer zu einem oder maximal drei Drehkreuzen fungieren. Der Grund für den Bau des BER war, dass Politiker befanden, der deutschen Hauptstadt stehe aus Prestigegründen ein neuer großer Flughafen gut zu Gesicht. Im Grunde müsste man den BER sofort wieder abreißen und aus den Überresten ein Mahnmal für irregeleitete Verkehrspolitik machen oder ihn zum Regionalflughafen degradieren, mit Anbindung an Frankfurt, München und meinetwegen auch Warschau. Der Wahn, dass jede Stadt ab der Größe Paderborns einen eigenen »International Airport« benötigt, ist längst überholt. Genauso wie all die Subventionen, die der Flugverkehr immer noch genießt.

Um Verboten oder einer gerechten Besteuerung zu entgehen, setzt die Luftfahrtlobby auf das Zauberwort »Kompensation«, auch »Offsetting« genannt. Die Idee dahinter ist, dass für jede Tonne CO_2, die durch eine Flugreise verursacht wird, eine zusätzliche Gebühr erhoben wird, die dann an Organisationen wie Atmosfair oder Myclimate weitergeleitet wird, die das Geld wiederum verwenden, um damit Klimaschutzprojekte irgendwo in der Dritten Welt zu finanzieren. Das Problem ist nur, dass niemand genau nachprüfen kann, wie diese Spenden verwendet werden, und viele dieser sogenannten Klimaschutzprojekte völlig sinnlos sind. Besonders Projekte, mit denen angeblich verhindert wird, dass in den Tropen Regenwälder abgeholzt werden, stehen in der Kritik, weil oftmals die Abholzung dadurch nur an eine andere Stelle verlagert wird. Zuallererst sind solche Spenden, die man beim Buchen freiwillig anklicken kann, wodurch man seinen Flugpreis erhöht, Geldspritzen für einen neu entstandenen, boomenden Wirtschaftszweig, den Zertifikatehandel. Das bedeutet vor allem, dass ein paar clevere Menschen dank unseres schlechten Gewissens sehr schnell sehr, sehr reich werden. Beim Offsetting handelt es sich um moralisch fragwürdige Ablasszahlungen, deren alleiniger Zweck darin besteht, das Gewissen von Menschen mit enormer Kaufkraft zu beruhigen, die dann genauso rastlos umherjetten können wie zuvor. Man zahlt seinen Ablass und bucht dann guten Gewissens gleich den nächsten Trip in die Karibik. Das Rumgedüse von Gutverdienenden erfährt durch Organisationen wie Atmosfair quasi einen gesellschaftlichen Freispruch, statt einen Kulturwandel zu befördern. Nach dieser Logik wäre es auch okay, sich wie Leonardo DiCaprio grundsätzlich nur noch per Hubschrauber oder Luxusjacht fortzubewegen, man muss dafür nur immer wieder ein Stückchen Regenwald kaufen.

Ein Kolumnist des *Time*-Magazins schlug übrigens vor, das Prinzip der Kompensationszahlungen auch auf andere Bereiche des Lebens auszuweiten. So könnte es auch ein Offsetting für schlechte Eltern geben. Wer sein Kind schlägt, könnte dies dann zum Beispiel dadurch kompensieren, dass er ein paar Euro an Kinderschutzprojekte spendet. Um zu zeigen, wie absurd Offsetting ist, gründeten zwei englische Witzbolde die Internetseite *www.cheatneutral.com*, auf der angeboten wird, Seitensprünge zu kompensieren. Wer fremdgeht, muss nur ein paar Euro überweisen und kann das dann besten Gewissens tun, weil er ja weiß, dass dadurch andernorts in Eheberatung oder Projekte zur Förderung partnerschaftlicher Treue investiert wird.

* * *

Gibt es denn, neben schönen Fantasien wie der Rückkehr zum Pan-Am-Zeitalter und absurden Ideen wie dem Offsetting, andere, halbwegs realistische Möglichkeiten, dem ungebremsten Vielfliegwahn Herr zu werden? Allein in Deutschland haben sich die Passagierzahlen innerhalb von zwei Jahrzehnten verdoppelt, die Zahl der Flugreisen aus Deutschland ins Ausland hat sich im gleichen Zeitraum mehr als verdreifacht.

Der konkreteste Vorschlag, den ich finden konnte, stammt vom deutschen Umweltwissenschaftler Michael Kopatz. Er schlägt vor, in einem ersten Schritt umgehend die Zahl der Starts und Landungen auf Flughäfen sowie die Passagierzahlen streng zu limitieren: »Ziel wäre zunächst, den Flugverkehr auf das gegenwärtige Niveau zu begrenzen.« Durch die steigende Effizienz der Flugzeuge und dann durch den nächsten Schritt, das Unterbinden besonders fragwürdiger Inlandsflüge, würde man in kurzer Zeit schon einmal einen signifikanten Rückgang der durch den Flugverkehr verursachten Treibhausgase herbeiführen. Viel wichtiger, sagt der Wachstumskritier Paech, sei aber ein kultureller Wandel, der von uns, der Gesellschaft ausgehen muss: »Es hat noch nie politischen Wandel gegeben, der nicht zuvor in der Gesellschaft gewachsen ist, der nicht zunächst von Pionieren vorgelebt wurde, sodass sich andere daran orientieren und dies dann imitieren konnten«, sagt Paech. »Das fängt immer im Kleinen an. Das nennt man horizontale Vervielfältigung oder soziale Diffusion.« Neue kulturelle Praktiken gewinnen durch menschliche Begegnungen, durch Sichtbarkeit, durch Konfrontation und Imitation, irgendwann Popularität, erst dann könne die Politik reagieren. Paech: »Der Weg ist nicht, auf politische Mehrheiten zu setzen. Es ist umgekehrt so, dass *wir* uns verändern müssen, damit sich die Politik verändert.«

Es ist also eine kulturelle, keine politische Aufgabe, einen Sinneswandel zu bewirken, und da kommt jeder Einzelne von uns ins Spiel. Wenn wir, die Gruppe der Bücher Lesenden, sich halbwegs vernünftig Kleidenden und mit Messer und Gabel Essenden Bevölkerung, da nicht mit gutem Beispiel vorangeht, wer dann? Reisen ist kein Menschenrecht. Adelige und Bauern reisten einst gar nicht, das tat nur, wer dazu gezwungen war, Kaufleute, Mönche, Räuber zum Beispiel. Ein reicher Mann im alten Ägypten wäre, wie Yuval Noah Harari in *Eine kurze Geschichte der Menschheit* schreibt, nie auf die Idee gekommen, bei einer Beziehungskrise eine romantische Reise nach Babylon oder Rom zu buchen, er hätte der Angebeteten vielleicht eher eine schöne Grabstätte erbauen lassen. Natürlich müssen Reisen auch weiter möglich sein – aber dann wirklich im altmodischen Sinne des Wortes, wie es die Slow-Travel-Bewegung propagiert, also so, dass man sich dafür Zeit lässt und das Unterwegssein, nicht nur das Ankommen, auskostet. Natürlich ist es absurd, wenn Kinder, wie neulich einem Kollegen geschehen, aufgestachelt von Greta einen Schüleraustausch empört ablehnen, weil sie sich weigern, in ein Flugzeug zu steigen. Reisen zur Horizonterweiterung sollte geradezu Pflicht sein. Aber es ist absurd, mal eben zum Shoppen oder für eine Party quer durch Europa zu jetten oder ein- bis zweimal im Jahr ans andere Ende der Welt zu fliegen, nur um in der Hängematte zu baumeln und am iPhone die Nachrichten und E-Mails aus Deutschland zu checken.

Auf der Suche nach Antworten, wie man heute halbwegs verantwortungsbewusst reisen kann, bin ich über eine Titelgeschichte der *Zeit* zum Thema »Reisen ohne Reue« gestolpert, die mich mit manchen Daten und Fakten versorgt hat, auf die ich hier zurückgreifen konnte. Aufschlussreicher noch als der kluge Artikel waren aber eine Woche später die Leserbriefe. Der weiseste stammte von einem Mann namens Winfried Kretschmer. Er sandte Verse ein. Darunter diesen des Bonner Dichters Karl Simrock, eines Zeitgenossen und Freundes der Gebrüder Grimm:

In Rom, Athen und bei den Lappen
Da späh'n wir jeden Winkel aus
Dieweil wir wie die Blinden tappen
Umher im eig'nen Vaterhaus

Meine nächste Reise, so mein Entschluss, geht ins Rheinland. Mit der Bahn.

4 Klamotten

Das neue Maß in der Mode

Elegance is refusal.
Coco Chanel

Linke sind oft die allergrößten Snobs. Von Heinrich Böll gibt es einen Text aus den frühen 1960er-Jahren, in dem er sich über den mangelnden Stil der Deutschen lustig macht. » Ein deutscher Snob ist von vornherein in einer mißlichen Lage «, schreibt er, denn » es fehlt ihm an Leitbildern. (...) Eine kümmerliche Gesellschaft bringt kümmerliche Snobs hervor. « Harte Worte. Ich würde mich das nie zu schreiben trauen. Es geht aber noch weiter: » Ein deutscher Snob ist notwendigerweise eine traurige Erscheinung, weil der Spiegel, in dem er sein eigenes Bild sehen möchte, immer beschlagen ist: zu viel Dampf in der Küche. « Ein besonders schwieriger Punkt sei die Kleidung: » Die Textilindustrie produziert ja fast nur snobistische Kleidung, also solche, die nicht zu den Leuten paßt, die sie notgedrungen tragen. Unübersehbare Massen von *gentlemen* bevölkern tweedig unsere Straßen, Autos, Bahnen – wie sollte man da noch wie ein *Gentleman* aussehen können? Primaner mit dem, makellosen Namen (und dem makellosen Stammbaum) Schmitz sehen aus wie der achtunddreißigste Earl of Pipeline, und der achtunddreißigste Earl of Pipeline versucht vergebens (denn er ist ein Snob), wie Karl Schmitz auszusehen (...) die Textilindustrie würde auf den Gedanken kommen, schlunzige Kleider zu produzieren, sie zu einem Schwarzmarktpreis unter der Theke anbieten zu lassen, etwa Hosen aus unverschleißbarem Stoff, die unauslöschliche Spuren des Verschleißes zeigen oder fleckige Hemden, auf denen garantiert auch nach der Wäsche noch die Flecken sichtbar bleiben.«

Das, was Böll nur ironisch gemeint hatte, ist längst eingetroffen. Einer der Schlüsselmomente in der Modehistorie dafür war der 3. November 1992, die Modenschau des damals 25 Jahre alten Designers Marc Jacobs im Showroom von Perry Ellis in New York. An dem Tag, an dem Christy Turlington, Naomi Campbell und andere Mega-Models in ungeschnürten Doc-Martens-Tretern und Klamotten über den Laufsteg federten, die so aussahen, als ginge ein unangenehmer Geruch von ihnen aus, als kämen sie direkt aus der Altkleidersammlung, dazu erklang » Pretend We're Dead « von der Punkband L7, war Grunge im Mainstream angekommen. » They look a little bit unconcerned about fashion «, sie sollten so aussehen, als ob ihnen schnurzpiepegal sei, wie sie daherkämen, erklärte Jacobs damals dem verblüfften Modejournalisten der *New York Times*. Die Kritiker schäumten. Suzy Menkes, die legendäre Moderedakteurin der *Herald Tribune* in Paris, startete eine regelrechte Kampagne gegen Jacobs, sie empfand die Absicht, Kleidung, die betont hässlich sein sollte, als High Fashion zu verkaufen, schlicht als Unverschämtheit, als Verhöhnung der Branche und des Handwerks. In New York glaubten die Leute zum Teil, die Show von Marc Jacobs sei als schlechter Witz gemeint, und spekulierten darüber, wie stark die Drogen gewesen sein müssten, die ihn zu so einer Kamikazeaktion veranlasst haben könnten.

Marc Jacobs schickte nach der Show ein paar seiner Lieblingsteile an seine Stilvorbilder: an Kurt Cobain und Courtney Love. Als die beiden das Päckchen geöffnet hatten, sagte Courtney Love viele Jahre später in einem Interview, von der Erinnerung erschaudernd, hätten sie den Inhalt feierlich verbrannt. » Wir waren Punks, wir fanden Modefummel jeder Art schrecklich.« Inspiriert war die Grunge-Kollektion von Marc Jacobs übrigens nicht nur durch das Duo Cobain/Love, sondern durch die alternative Rockszene von Seattle, zu der Bands wie Pearl Jam und Mudhoney gehörten, die das Modegetue der vorigen Generation oberflächlich und abstoßend fanden und sich in einem Akt zivilen Widerstandes so abgerotzt wie nur möglich kleideten. Sie liefen zum Teil so rum, als hätten sie sich ihre Klamotten direkt aus der Tonne der Altkleidersammlung gefischt. Für jemanden wie Kurt Cobain muss es geradezu surreal gewesen sein, dass sein Mir-ist-wurscht-was-ich-trage-Look plötzlich mit 1000-Dollar-Preisschildern in teuren Läden zu haben war.

Anna Wintour sagt heute, wenn sie an die Zeit zurückdenkt: » Der Ausgemergelten-Look war nie mein

Ding. Ich glaube, es hatte einfach mit dem Zeitgeist zu tun, es war eine Reaktion auf die Wirtschaftskrise und die düstere Lage der Welt.« Cathy Horyn, damals die Modekritikerin der *Washington Post*, die unter den feinen Damen der Hauptstadt-Society quasi Lehramts-Charakter hatte und pflichtgemäß hart mit Marc Jacobs ins Gericht ging, bereut heute ihr harsches Urteil. Rückblickend sagt sie geradezu weihevoll, dass es sich wohl um einen zentralen Punkt für die Entwicklung von Luxusmarken gehandelt habe, ein Moment, der modehistorisch sogar in stolzer Tradition gestanden habe, schließlich habe der große Yves Saint Laurent bereits 1971 mit einer Haute-Couture-Schau für Aufsehen gesorgt, als er Models mit Kleidung über den Laufsteg schickte, die vom Secondhandchic seines Freundeskreises inspiriert war, und auch spätere provokative Momente in der Mode, etwa die legendäre »Hobo«-Show von John Galliano im Jahr 2000, als der später gefeuerte Exzentriker Models für Dior in von Obdachlosen inspirierte Kleidung steckte, wären ohne jenen Abend in Perry Ellis' Showroom nicht möglich gewesen. Cathy Horn sagt heute, der 3. November 1992 sei die Geburtsstunde des Ideals von »alternativer Schönheit« und »Anti-Luxus« gewesen.

Das inhärente Problem von Marc Jacobs war natürlich, dass seine Kollektion – weshalb das rituelle Verbrennen durch Kurt Cobain die einzig logische Reaktion war – zutiefst unauthentisch und damit schon leider uncool war. Wenn es chic ist, so rumzulaufen, als bediente man sich aus der Kleidertonne, ist es dann nicht besser, sich gleich aus Kleiderspenden zu bedienen, statt teuren Labels auf den Leim zu gehen? Durch das Label »Marc Jacobs« wurde authentische Grunge-Kleidung sozusagen entehrt. In dem Moment, in dem Subkultur Hochkultur wird, verliert die Subkultur ihren Stachel. James Truman, 1993 Chef des *Details*-Magazins, ordnet es so ein: »Das Ding von Grunge war ja nie, dass es Antimode war, es war vielmehr Nichtmode! Punk war Antimode. Das war ausdrücklich als Statement gemeint. Bei Grunge geht es darum, auf ein Statement zu verzichten, und deshalb ist es umso verrückter, wenn kein Statement plötzlich zum Statement wird.«

Heute, rund drei Jahrzehnte nach jenem Abend in New Yorks Seventh Avenue, steht außer Frage, dass Marc Jacobs ein Pionier war. Nicht nur folgten ihm andere Designer wie Prada nach, auch bei den Kunden setzte ein Umdenken ein. Längst ist es so, dass Menschen inzwischen, je reicher sie sind, desto nachlässiger gekleidet sind. Auch hat die Idee, dass betont nachlässige Kleidung ein Merkmal von hohem sozialen Status ist, Fuß gefasst. Bis aufs Äußerste durchgestylt können sich heutzutage eigentlich nur noch reiche osteuropäische Frauen sehen lassen. Der Typus Joan Collins ist im Westen komplett verschwunden. Aufgetakelt ist komplett *passé*. Es gilt längst als eherne Pflicht guten Stils, mühelos zu wirken, so auszusehen, als hätte man blind in den Kleiderschrank gegriffen und sähe trotzdem, wie durch Zauberhand, die unsichtbare Hand des guten Geschmacks, elegant aus. Teure

Marken zu tragen gilt inzwischen in besseren Kreisen fast schon als Fashion-Fauxpas, erlaubt ist nur, sie wie zufällig mit preiswertem Fummel, am besten second-hand, zu kombinieren.

Meine wertvollsten Klamotten sind meist Erb-stücke, wie mein wunderschöner Samtsmoking, den ich von einem ungarischen Onkel ergattern konnte, er wurde irgendwann in den 30er-Jahren des vergangenen Jahrhunderts geschneidert, und an manchen Stellen hat sich der Samt längst abgelöst. Ich trage ihn nur zu ganz besonderen Anlässen *en famille*. Meine aller-liebsten Hemden sind die, die an Kragen und Ärmeln bereits ein wenig abgewetzt sind. Ich kann leider keine Shopping-Tipps geben, weil ich selbst – außer vielleicht Socken – keine Kleidung mehr kaufe. Ich habe ein Alter erreicht, in dem man als Mann seine Klamotten bei-sammenhaben sollte. Aber ich bin sicher, Sie wissen um gute Quellen für Vintage-Stücke (und wenn nicht, finden Sie ein paar Hinweise im Glossar). Sehr empfeh-len kann ich übrigens das Prinzip des Kleidertauschs. Man schafft eine Art ätherisches Band der Freund-schaft, wenn man Sachen anhat, die von jemandem ge-tragen wurden, den man mag. Getragene Klamotten haben einen eigenen Charakter, sie kommen mit einer Geschichte daher, die unsichtbar an ihnen hängt, und selbst wenn sie aus einem Secondhandladen stammen, man also den Menschen, der sie trug, nicht kennt, ist der Reiz, sich darin zu bewegen, größer. Bei alten Ge-bäuden ist es ja ähnlich. Das Entscheidende ist aber wohl, seinen eigenen Stil zu finden, und das geht mit alten Kleidungsstücken irgendwie überzeugender, als wenn man wie Heiko Maas immer so aussieht, als käme man gerade aus einem Kaufhaus und hätte noch nicht alle Preisschilder entfernt.

Die Luxusmodebranche hat natürlich längst kapiert, dass das, was ihr Geschäftsmodell ausmacht, den Markt mit immer neuen Kleidungsstücken zu überschwemmen, heute aus der Zeit gefallen wirkt. Der Zeitgeist ist konsumkritisch, und das trifft die Modebranche besonders hart, da sie einerseits dem Zeitgeist vorauseilen will, andererseits ihre Existenz aber der Freude am Konsum, an immer Neuem verdankt. Die Marketingstrategen haben daher mit » Greenwashing «, also von großem PR-Tamtam begleiteten Umweltschutzmaßnahmen, als vorläufige Gegenmaßnahme reagiert. Konzerne wie Kering (Gucci, Yves Saint Laurent) oder die Burberry-Gruppe schmücken sich mit ihren » Nachhaltigkeitszielen «, Puma legt die durch den eigenen Betrieb und durch Zulieferungen verursachten Umweltkosten offen, die auf Outdoorkleidung spezialisierte Marke Patagonia bietet Kunden inzwischen an, ihre Kleidung beim Verschleiß zur Reparatur anzunehmen – aber letztlich wissen alle Beteiligten, dass das nur Behelfslösungen sind, die auch schnell als PR-Masche durchschaubar sind. Wenn ein Luxuskaufhaus wie die Galeries Lafayette in Paris eine ganze Etage zur » grünen Etage « erklärt, in der es nur noch umweltfreundliche Waren gibt, und unter dem Motto » Changeons de mode « – also » Ändern wir die Mode « – dazu aufruft, Klamotten aus dem hintersten Winkel des Kleiderschranks herauszuziehen, auf Instagram zu präsentieren und damit zum Wiederentdecken des Mehrfachtragens zu inspirieren, ist das ganz schön, aber letztlich ist es nun einmal Marketing. Würde man Ernst machen mit »Changeons de mode«, hätte der Konsumtempel mit seiner berühmten Glaskuppel, mit seinen 70 000 Quadratmetern Verkaufsfläche auf sieben Etagen ein ernstes Problem. Würden die Galeries Lafayette oder sonst wer in der Modeindustrie ernsthaft »Green Action« statt »Greenwashing« betreiben, wäre das das Ende ihres Geschäftsmodells, denn Mode basiert schlicht auf immer neuem, letztlich exzessivem Konsum. Ein tatsächliches Umsteuern würde schlicht das Ende eines der größten globalen Industriezweige bedeuten (die Summe globaler Kleidungsverkäufe lag laut *Economist* im Jahr 2019 bei zwei Trilliarden Dollar).

Der Großteil der weltweiten Textilkäufe geht natürlich nicht auf das Konto der Luxusgüter-, sondern der Fast-Fashion-Industrie. Allein in Deutschland hat sich der Modekonsum seit den 1980er-Jahren verfünffacht, die Produktionszyklen werden immer rapider, statt der klassischen zwei Saisons, die es früher einmal gab, operieren Marken wie Zara und Massimo Dutti, die zum weltgrößten Textilkonzern Inditex gehören, oder H&M (die Nummer zwei auf dem Weltmarkt) mit bis zu 50 »Mikro-Seasons«, für die immer neue Teile auf den Markt geschmissen werden.

Zur Verteidigung der Fast-Fashion-Industrie wird – ähnlich wie beim Fliegen – gern behauptet, sie habe zu einer Demokratisierung von Mode geführt, schließlich könnten sich heute auch Menschen mit geringen Einkommen geschmackvoll kleiden. Mehr Menschen, auch Leute mit dünner Brieftasche (so sagte man das früher, als man noch nicht mit dem Handy zahlte), können sich heute den Luxus schöner Kleidung leisten. Aber diese Rechnung geht nur auf, wenn diese Käufer dann unterm Strich weniger für Klamotten ausgeben, als sie es früher getan haben, als man sich noch jeden Kauf genau überlegen musste. Und das tun sie offensichtlich nicht. Durch die Preispolitik der Fast-Fashion-Industrie geben die Leute im Billigsegment mehr Geld für Kleidung aus als je zuvor. Es wird mehr gekauft, das Gekaufte verliert seinen Wert und wird dann höchstens zwei- bis dreimal getragen. Kleidung wird zum Wegwerfprodukt. Mehr als 18 Milliarden Kleidungsstücke werden alljährlich weltweit hergestellt, das meiste, was produziert wird (mehr als 60 Prozent), landet binnen eines Jahres auf Abfalldeponien. Die Deutschen kaufen im Durchschnitt fünf Kleidungsstücke im Jahr, tragen nur rund 20 Prozent der Klamotten, die sie besitzen, und verursachen damit rund eine Milliarde Tonne Müll pro Jahr.

Kleidung gilt inzwischen als Gut ohne Wert. Wer ein neues schwarzes Kleidchen, für das man in den 1980er-Jahren vielleicht 100 Euro oder mehr gezahlt hätte, für zwölf Euro bekommt, betrachtet es oft schon nach einmaligem Tragen als alt. Angefeuert wird der Kaufdrang durch die ständige Sichtbarkeit in den sozialen Medien. »Ich bin am Wochenende bei einer Hochzeit und muss mir noch ein Kleidchen kaufen«, seufzte mir neulich, kurz vor Feierabend, eine Kollegin zu. Auf meine Bemerkung: »Du hattest doch letzte Woche erst eine Party, für die du dir ein neues Kleid gekauft hast«, lautete die Antwort: »Das kann ich nicht schon wieder anziehen, darin haben mich schon alle auf Instagram gesehen.« Die Konsumenten geraten damit in den sogenannten *attitude behaviour gap*, das heißt, man findet zwar Umwelt- und Klimaschutz ganz, ganz wichtig, man weiß auch, wie ökologisch inakzeptabel Fast Fashion ist, aber heute Abend ist ja diese Party, und dort hängt dieses entzückende Glitzerkleidchen für zehn Euro ...

Die Zeit, in der wir nicht wussten, was wir damit anrichten, ist leider vorbei. Inzwischen hat sich blöderweise herumgesprochen, dass die Modeindustrie einer der größten Faktoren in Hinblick auf Ressourcenverschwendung, Umweltverschmutzung, Einsatz von Chemikalien und Wasserverbrauch ist. Was CO_2-Emissionen anbetrifft, auch das ist mittlerweile bekannt, ist die Kleidungsindustrie ganz weit vorn. Der Anteil der Modeindustrie am CO_2-Ausstoß beträgt laut dem *Economist* mehr als 1,2 Milliarden Tonnen jährlich, das ist mehr als der des internationalen Flugverkehrs und der Handelsschifffahrt zusammen. Die Unternehmensberatungsfirma McKinsey (nicht Greenpeace!) hat ausgerechnet, dass, um ein Kilogramm Kleidung zu produzieren, durchschnittlich 23 Kilogramm CO_2-Ausstoß verursacht werden. Jeden Strumpf, den man fürs Einmalanziehen kauft, bezahlt man quasi mit einem Stückchen Eis in der Arktis.

Um ein einziges T-Shirt herzustellen, das für zehn Euro auf unseren Einkaufsstraßen landet und als Wegwerfobjekt endet, werden bis zu 5000 Liter Wasser verbraucht. Der hohe Turnover der Modeindustrie zwingt natürlich zu schnelleren und preiswerteren Produktionsverfahren. Materialien wie Polyester sind billiger als natürliche, das wiederum zwingt zum Einsatz von Chemikalien.

Die naheliegende Reaktion ist nun, mit allen verfügbaren Fingern auf die Modeindustrie zu zeigen und seine Klamotten ausschließlich im Weltladen zu kaufen, in dem es nach Räucherstäbchen riecht. Damit macht man es sich aber zu einfach. H&M hat zum Beispiel sehr konsequent damit angefangen, gesundheits- und umweltschädliche Chemikalien aus seiner Produktion zu verbannen, man kann sogar eine Hose, in der » Made in Bangladesh « steht, so man sie denn mehrmals anhat, mit einigem Stolz tragen. Der langjährige deutsche Botschafter in Bangladesch hat mir einmal glaubhaft dargelegt, warum: Westliche Kleidungsfabriken, sagte er, hätten in Bangladesch mehr positive Wirkung gehabt als Jahrzehnte gut gemeinter Entwicklungshilfepolitik – so wurden nämlich westliche Arbeitsschutzmaßnahmen und Arbeiterrechte in Länder exportiert, denen Ähnliches bis dahin vollkommen unbekannt war; gerade Frauen kommen in den Genuss höherer Einkommen, was ganze Regionen verändert, weil Frauen in der Regel eben vernünftiger mit Geld umgehen, es für ihre Kinder, die Erziehung und die Gesundheitsversorgung verwenden.

Es ist also Unsinn, die Modeindustrie als Umweltsünder zu verdammen, es ist sogar womöglich nicht ganz durchdacht, die Textilindustrie für Ausbeutung in Billiglohnländern zu verdammen. Die Sache ist komplexer. Und dann ist es auch wieder ganz einfach: Es wird immer genau so viel produziert, wie auch gekauft wird. Konzerne wie Inditex haben einen solch direkten Zugriff auf ihre Hersteller, dass sie immer ziemlich exakt die Mengen herstellen können, die verlangt werden, Zara und H&M produzieren de facto *on demand* und steuern ihre Produktion je nach Nachfrage der einzelnen Linien.

Die schlichte Tatsache ist: Nur wenn wir weniger kaufen, wird auch weniger produziert.

5 Elektronik

Bei mir piept's

Inmitten von High-Tech-Firlefanz
sind wir hässlich, krank und unglücklich.
Christoph Dressler
(Schweizer Kommunist, 1986)

Meinen Kindern drohe ich regelmäßig, ihnen sämtliche elektronischen Geräte wegzunehmen, wenn sie sich weiter zu lesen weigern und an ihren Smartphones rumdaddeln. Wenn *mir* aber jemand alle Elektrogeräte nehmen würde, würde ich wahrscheinlich bald, aus lauter Sehnsucht nach dem Knöpfedrücken, am Lichtschalter stehen, um den an- und auszuschalten.

Wenn ich eine Jacke anziehe, die ich länger nicht mehr getragen habe, mache ich oft freudige Entdeckungen: Mal finde ich in einer der Taschen einen 10-Euro-Schein, mal ein altes Fisherman's Friend und, wenn ich besonders Glück habe, einen Bluetooth-Kopfhörer. Ich benutze solche Kopfhörer gern, aber sie gehen auch schnell kaputt, oder man verliert sie, was nicht schlimm ist, weil man an jeder Ecke für ein paar Euro neue kaufen kann.

Bei uns zu Hause stehen vermutlich mehr elektronische Geräte rum als in halb Mecklenburg-Vorpommern. Über die Anzahl der iPhones und Tablets, der WLAN-Router und Spielkonsolen, der schnurlosen Telefone und digitalen Bilderrahmen, der Minilautsprecher und Smart-TV-Boxen, die in unserer Kleinfamilie kursieren und über Nacht entweder auf Standby sind oder aufgeladen werden, habe ich längst den Überblick verloren. Und dazu kommen noch die elektrischen Haushaltsgeräte. Ich glaube, ich qualifiziere mich für eine kleine Revision meines Stromverbrauchs.

Wussten Sie, dass ich, wenn ich auf meinem Smartphone zehn Minuten lang ein Video streame, damit genauso viel Strom verbrauche wie jemand, der fünf Minuten lang einen 2000-Watt-Elektroofen mit voller Kraft im Heizbetrieb hält? Und dass die Herstellung eines einzigen Smartphones mehr als 60 Kilogramm CO_2 in die Atmosphäre schießt? Dass jede kleine Google-Suche 0,2 Gramm CO_2 verursacht und, da minütlich 3,8 Millionen Anfragen versendet werden, durch scheinbar harmloses Googeln jede Minute 760 Tonnen CO_2 in die Luft gepustet werden? Dass von allen Haushaltsgeräten Wäschetrockner und Geschirrspüler (gefolgt von Kühlschrank und Waschmaschine) die mit Abstand größten Energieschleudern im Haushalt sind, dass also, wenn wir uns durchringen würden, auf die gute alte Sitte zurückzugreifen, Geschirr mit Hand und Bürste zu spülen, und dann auch noch darauf verzichten würden, unsere Wäsche mit der Maschine zu trocknen, dies den Strombedarf derart schlag-

artig nach unten korrigieren würde, dass alle Eisbären
vor Freude Purzelbäume schlagen würden?

Bei uns in der Wohnung laufen eigentlich fast un-
unterbrochen die Waschmaschine oder der Trockner
oder einer der anderen unzähligen Apparate, die, als
wir sie bestellten, Fantastisches versprachen, von der
Suppenmaschine bis zum Popcorn-Maker, vom Dyson-
Handstaubsauger bis zum Luftbefeuchtungsgerät, vom
Rückenmassagestab bis hin zur Smart-Waage und
der damit verbundenen Fitbit-Uhr. Unlängst ist ein
Sandwich-Maker hinzugekommen. Er hat mein Leben verändert und wird irgendwann, wenn bei uns die
Sandwich-Phase wieder verflogen ist, wie alle anderen
ausrangierten Geräte in der Abstellkammer landen. Da
ist das Handy, das neben mir liegt, da ist der Laptop, auf
dem ich das hier schreibe. Neben mir steht ein weite-
rer Laptop, quasi der Familienlaptop, auf dem streamte
ich eben noch auf Youtube, um mich für das Verfassen
dieser Zeilen in die rechte Stimmung zu versetzen, die
hervorragende Reportage »E-Wasteland« aus der gha-
naischen Hauptstadt Accra von David Fedele. Fedele
besuchte für seinen völlig ohne Worte auskommenden
Film die größte Elektromüllhalde der Welt, er hielt einfach die Kamera drauf. »E-Wasteland« ist besser als
der viel bekanntere Dokumentarfilm »Welcome to
Sodom«, weil er ohne all die mahnenden Worte aus-
kommt – man sieht darin Kinder, die auf alte Handys
und Fernseher einschlagen, einzelne Komponenten
und wertvolle Metalle heraustrennen und andere, die
Kupfer durch das Verbrennen von Kabeln und Plas-

tik zu gewinnen versuchen und dabei giftige Gase einatmen.

Fast 45 Millionen Tonnen Handys, Kühlschränke oder Fernseher landen jedes Jahr auf dem Müll. Eine Zahl, die jede Vorstellungskraft übersteigt. Wenn man eine Million riesige 40-Tonner-Lastwagen beladen würde, es würde für so eine Menge nicht reichen. Jeder Europäer verursacht durchschnittlich etwa 16 Kilo Elektroschrott jährlich. Immerhin werden bei uns in Europa rund ein Drittel (in Asien nur knapp 15 Prozent) des Elektroschrotts gesammelt und wiederverwertet, aber die allermeisten Geräte werden verbrannt, vergraben oder landen auf Müllkippen wie der in Accra.

Natürlich steigt auch die Menge des von uns verursachten Elektroschrotts ständig. Vor allem drei Kategorien von E-Müllbergen wachsen immer schneller: jener aus Kleingeräten (wie Staubsauger, Ventilatoren, Toaster, Radios, elektrische Rasierapparate), aus Großgeräten (wie Waschmaschinen und Wäschetrockner, Herde, Drucker und Kopierer), am schnellsten wächst der Müll der Kategorie » Temperatur-Wechsel-Geräte «, also Kühl- und Gefrierschränke, Heizungen oder Klimaanlagen.

Es gibt übrigens einen Mann, der für dieses Problem eine Lösung entwickelt hat. Er wird in spätestens zehn Jahren entweder den Nobelpreis für Chemie gewonnen haben oder aus Verzweiflung über die Menschheit in der Klapse gelandet sein: Professor Michael Braungart. Er gehörte 1978 zu den Gründungsmitgliedern der » Grünen Aktion Zukunft «, aus der die Grünen hervorgingen, in den 80ern leitete er die Chemieabteilung von Greenpeace. Er ist übrigens kein Freund des obsessiven Starrens auf CO_2. »Eine Stadt wie Hamburg möchte klimaneutral sein«, sagt er, »das hört sich gut an, ist aber eigentlich kackegal, weil das in China innerhalb von Sekunden wieder ausgeglichen wird.« Braungart hält das gesamte Umweltschutzkonzept, das sich im Sparsamsein, Vermeiden, Reduzieren erschöpft, für fraglich: »Wir denken, es sei Umweltschutz, wenn wir ein bisschen weniger Schweinereien machen. Wie albern. Das ist, als ob man sagen würde: Schlag dein Kind nur fünfmal statt zehnmal! Dadurch schützt man es nicht, man schädigt es nur ein bisschen weniger.« Seine Vision ist die komplette Umgestaltung der industriellen Produktion. Er sagt, dass es technisch möglich ist, jedes Konsumprodukt und jede Maschine von Anfang an so zu konzipieren, dass ihre Komponenten entweder zerfallen, dem Ökokreislauf zurückgeführt oder wiederverwendet werden. »Wir können, wenn wir wollen, Gebäude machen, die wie Bäume die Luft reinigen, und Autos, deren Komponenten komplett biologisch abbaubar oder wiederverwendbar sind.« Teppiche, die nicht nur nicht stinken, sondern die Luft reinigen, essbare Computer und Sofabezüge.

Gemeinsam mit dem US-amerikanischen Designer William McDonough gründete er ein Institut, das an der Erforschung und Erprobung von Industriematerialien arbeitet, die nicht nur nicht umweltschädlich, sondern sogar umweltnützlich sind. Das Herstellungsprinzip heißt »Cradle to Cradle« (C2C), übersetzt: Wiege zu Wiege. Immer mehr Produzenten stellen bereits Waren her, die nach dem C2C-Prinzip hergestellt werden. »Wir hängen immer noch einem überholten Ansatz von Umweltschutz nach«, sagt Braungart, »indem wir nur darauf starren, wie wir unsere zerstörerische Wirkung auf die Natur zügeln und bremsen können.« Dieser Ansatz habe vielleicht vor 200 Jahren Gültigkeit gehabt, heute sei es dafür zu spät. Was er im Sinn hat, ist nichts Geringeres als eine komplette Revolution aller Prinzipien industrieller Herstellung. Für Braungart ist nicht das Problem, dass wir viele Ressourcen nutzen, sondern dass wir sie verschwenden. Das Prinzip hinter »Cradle to Cradle« ist nicht etwa die Reduktion von Abfall, sondern das Konzept, Abfall schlechthin zu eliminieren, sein Vorbild dafür ist die Natur selbst. »Die Natur kennt keinen Müll, alles, was die Natur hervorbringt, bringt irgendwo Nutzen«, sagt das erfinderische Chemie-Genie, »denken Sie an den Kirschbaum, der spart auch nicht mit seiner Pracht, wenn er blüht, aber die herabfallenden Blüten haben eine Funktion. Wir müssen lernen, die Natur zu imitieren, denn auch sie funktioniert nach dem Wiege-zu-Wiege-Prinzip, nichts in der Natur wird verschwendet.«

Braungart und McDonough (ihr Buch, in dem sie das C2C-Prinzip exakt erklären, ist auch im Piper Verlag erschienen) arbeiten an einer Zukunft, in der alle Produkte, Geräte, Verpackungen und Gebrauchsgegenstände von vornherein so konzipiert werden, dass die Weiterverwendung mitgedacht wird. Nach ihren Vorstellungen sollen sämtliche Materialien, die in der Industrieproduktion verwendet werden, ausschließlich aus Komponenten bestehen, die entweder biologisch abbaubar sind oder wiederverwendet werden können – der Fachbegriff heißt »Upcycling«: »Wir könnten jede Waschmaschine, jedes Handy, jedes Auto, jedes Fernsehgerät so bauen, dass die künftige Demontage von vornherein eingeplant ist, sodass Materialien, die nicht verfallen, wie Metalle oder Plastik, der Industrie wieder zur Verfügung stehen. Es ist schließlich gar nicht so lang her, dass es vollkommen üblich war, alte Gebrauchsgüter wie Öfen, Kühlschränke und Telefone weiterzugeben, oder dass der Altwarenhändler vorbeikam, um alte Geräte einzusammeln.« Das Problem ist in Braungarts Augen nicht, dass wir viele Geräte benutzen, sondern dass wir sie zu Wegwerfprodukten degradiert haben.

Nach der C2C-Philosophie sollten Hersteller von Elektrogeräten, wie es beim Carsharing schon praktiziert wird, nicht mehr die Produkte verkaufen, sondern nur noch Dienstleistungen. Braungart: »Wenn du einen Fernseher kaufst, willst du ja nicht den Kasten mit seinen 4000 Chemikalien kaufen, du willst schlicht fernsehen. Sinnvoller wäre daher, du kaufst 10 000 Stunden Fernsehen und gibst danach das Fernsehgerät dem Hersteller zurück. Wenn es so gebaut ist, dass der Hersteller sämtliche Komponenten wiederverwenden kann und dadurch beim Zukauf von Materialien bares Geld spart, hätte er sogar einen Anreiz, das Gerät zurückzunehmen.« Den Herstellern würde dadurch natürlich eine große Verantwortung zufallen, sie trügen die Verantwortung für Lagerung und Wiederverwendung, aber wäre das nicht genau der Effekt, den man erreichen wollte? »Würde dieses System voll zum Einsatz kommen«, so Braungart, »würde kein gefährlicher Abfall produziert, die Hersteller würden weniger Ressourcen verbrauchen und Materialkosten in Milliardenhöhe sparen.«

Das Wiege-zur-Wiege-Prinzip wäre dazu geeignet, unsere gesamte Industrieproduktion zu revolutionieren. Wie gesagt, entweder landet Braungart irgendwann im Irrenhaus, oder in zehn Jahren wird er den Nobelpreis gewinnen, und alle Industrieprodukte werden irgendwann nach dem C2C-Prinzip hergestellt werden. »Es wäre überhaupt kein Problem, ein Handy herzustellen, das ausschließlich aus biologisch verwertbarem Material besteht, also ein Handy, das man quasi essen könnte«, sagt Braungart.

Sein Ansatz ist so schlüssig, dass ich nicht ganz verstehen kann, warum Firmen wie Apple nicht längst essbare oder zumindest Upcycling-fähige Handys anbieten. Allein der Prestigegewinn wäre in Zeiten wie diesen enorm. Die Antwort? Es gibt immer mehr Unternehmen, die nach dem C2C-Prinzip produzieren (W), Firmen wie Nike arbeiten tatsächlich bereits an biologisch abbaubaren Turnschuhen, die Revolution ist also bereits im Gang, aber manchmal dauern Revolutionen eben ein wenig. »Wenn man bedenkt, dass zwischen Erfindung des Internets und der Zeit, in der es für fast alle Menschen auf der Welt selbstverständlich ist, sämtliche Informationen griffbereit in der Tasche zu haben, fast 30 Jahre lagen, liegen wir mit der Wiege-zur-Wiege-Revolution eigentlich ganz gut in der Zeit«, sagt der Professor.

Bis es so weit ist, bleibt uns allerdings nichts weiter übrig, als die Revolution im Kleinen zu praktizieren. Es ist relativ sinnlos, über die verfehlte Energiewende zu lamentieren. Es nützt auch nichts, über die bösen Energiekonzerne zu raunen, die wenig Interesse an einer tatsächlichen Energiewende haben (allein Exxon Mobile machte 2018 Einnahmen von rund 280 Milliarden Dollar, das ist deutlich mehr als das Bruttosozialprodukt von zum Beispiel Finnland, das Geschäft läuft also gut), oder über Politiker, die falsche Entscheidungen treffen. Entscheidender ist das persönliche Handeln.

Wenn man das sagt, handelt man sich natürlich schnell den Vorwurf ein, man entpolitisiere das Umweltthema. Ich glaube aber eher, dass der Schriftsteller Jonathan Safran Foer recht hat, der in seinem Buch *Wir sind das Klima!* schreibt: »Wir glauben fälschlicherweise, dass die Probleme von großen, äußeren Mächten verursacht würden, und versäumen es deswegen, uns selber als Teil und Treiber der Krise zu sehen – als Individuen, die über ihr Verhalten und Konsumieren die Wirtschaft mitprägen.«

Beim Thema Strom und der Nutzung von Geräten ist das, zugegeben, nicht ganz einfach. Wir sind schlicht abhängig geworden von den Annehmlichkeiten unserer hoch technisierten Welt. Wir können ja schlecht nun alle gemeinsam auf Elektrogeräte-Entzug gehen und uns aus dieser Welt ausklinken. Man kann aber kleine

Siege erringen, zum Beispiel indem man sich, so gut es geht, vom Diktat der Geräte befreit. Erinnern Sie sich noch an die Zeit, als man einmal am Tag am Schreibtisch seine E-Mails abrief und beantwortete? Man kann sich seine Freiheit dazu zurückerobern. In dem Podcast » Modern Wisdom «, der mich regelmäßig mit » Life Hacks « versorgt, hieß es neulich, eine simple Maßnahme wie der Entschluss, vor elf Uhr sein Handy nicht zur Hand zu nehmen und es nach 21 Uhr auszuschalten oder auf Flugmodus zu schalten, könne lebensverändernd sein.

Es muss möglich sein, weniger gedankenlos draufloszukonsumieren, was Geräte*ge*brauch und Strom*ver*brauch angeht.

Hier ein paar konkrete kleine Schritte:

- Zu Ökostrom wechseln? Bringt wenig. Hauptsächlich subventionieren Sie damit unsere fehlgeleitete Energiepolitik, schlimmstenfalls sogar Biogasanlagen, für die in den Tropen Wälder gerodet werden.
- Wichtig ist aber, möglichst alle Geräte im Haus vom Stand-by-Modus zu befreien und auszuschalten!
- Mit Deckel kochen. Sagt sogar das Bundesumweltministerium.
- Von Glühbirne auf LED umsteigen.
- Laptop statt Desktop-Computer benutzen.
- Kühlschrank? Eine harte Nuss. A+++ genügt nicht, entscheidend ist die Größe des Kühlschranks. Muss es der riesige bunte im amerikanischen Großfamilienformat sein, oder genügt vielleicht ein kleinerer?

Ein Kühlschrank kühlt effizienter, wenn er ziemlich vollgepackt ist, große Leerräume sorgen dafür, dass der Stromverbrauch steigt. Der Verzicht auf ein Gefrierfach spart 20 Prozent Strom. Muss man heute noch – wie früher – Lebensmittel horten? Wohl kaum. Einen großen Unterschied macht auch aus, wie kalt man den Kühlschrank einstellt (idealerweise nicht kälter als sechs Grad Celsius!) und ob darin (wie bei mir meistens) Chaos herrscht. Wenn man dann etwas sucht, hält man die Tür viel zu lang offen …

- Auch beim Fernseher kommt es vor allem auf die Größe an. Es stimmt, die Geräte werden immer sparsamer, aber die Stromeinsparung ist sofort wieder futsch, je größer der Bildschirm ist.
- Beim Wäschewaschen: Es ist unzumutbar, seine Wäsche nur bei 30 Grad zu waschen. Aber bei guten (natürlich ökologisch abbaubaren!) Waschmitteln müssen es nie mehr als 40 Grad sein. Notabene: Voll beladene Maschinen waschen günstiger. Die Waschmaschine für eine Jeans und zwei T-Shirts anzuschmeißen ist, aus Sicht der Energiebilanz, leider geradezu obszön verschwenderisch.
- Wäschetrockner abschaffen. Da tun sich viele schwer. Kompromiss: wenigstens den Trocknungsgrad reduzieren (»bügeltrocken«) und dann den guten alten Wäscheständer reaktivieren. Auch hier macht es natürlich einen großen Unterschied, wie voll man die Maschine lädt.
- Geschirrspüler? Wer will schon darauf verzichten?

Aber wenn, dann wenigstens immer voll beladen und das Geschirr gefälligst vorher per Hand spülen, damit auch das Sparprogramm genügt (also 50 statt 65 Grad!).

- So viele Geräte wie möglich ausschalten, wenn man das Haus verlässt. Auch der WLAN-Router mag Verschnaufpausen. Am besten so viele Geräte wie möglich an einer Steckdosenleiste mit An-und-Aus-Knopf anschließen, dann kann man mehrere Geräte auf einmal ausschalten und muss nicht jedes Mal, wenn man das Haus verlässt, zig Stecker ziehen.

Und noch etwas: Eine gute Idee ist es, mehr Bücher zu lesen. Idealerweise auf Papier! Bücherlesen ist aktiver Klimaschutz. Denn in der Zeit, in der Sie ein Buch lesen, benutzen Sie kein Gerät. Außer vielleicht die Leselampe, und das fällt wirklich nicht ins Gewicht.

6 Wohnen
Menschenwürdige Möbel

We shape our buildings,
and afterwards our buildings shape us.
Winston Churchill

Wittgenstein meinte, dass man nicht genau definieren könne, was ein Spiel sei, wenn man aber eines sehe, erkenne man es sofort. Exakt so verhält es sich mit Fragen des Stils. Es ist schwer, exakt in Worte zu fassen, was eine elegante Einrichtung ausmacht, aber wenn man eine Wohnung sieht, kann man sofort sagen, ob hier Geschmack im Spiel war.

Auch für Laien ist es ganz leicht zu erkennen, ob zum Beispiel die Gastgeber Hilfe eines Mitglieds der Loge der Innenausstatter hatten oder ob sie selbst Geschmack haben. Das Problem mit den sogenannten »Interior Designern« ist, dass sie an jedem Einrichtungsgegenstand, an jeder Lampe, an jedem Stoff mitverdienen und daher ein Interesse haben, möglichst viel Teures unterzubringen. Sie können das tun, weil ihre Auftraggeber trotz großen Budgets geschmacklich unsicher sind. Da über fremd eingerichtete Wohnungen natürlich die Nase gerümpft wird, hatte diese Zunft zuletzt eine kleine Konjunkturdelle zu verkraften, seit ökologisches Wohnen nun der letzte Schrei ist, hat sie wieder Zukunft, wegen der Kompliziertheit der Materie sind da die Auftraggeber auf Expertise angewiesen, und die »Interior Designer« tun gut daran, im Gebiet des »Eco Living« Fortbildung zu betreiben, Details später.

Zunächst zum Grundverständnis. Es gibt grob gesagt zwei Konzepte, das Modell gemütlich und das Modell ordentlich. Beides hat etwas für sich. Eine der schönsten Junggesellenwohnungen, wie ich finde, gehört meinem Freund Kev in London. Es ist die sauberste, ordentlichste und bestorganisierte Wohnung, die ich kenne. Nur gerade Flächen, Bauhaus-Stil, alles in warmer, graumetallischer Farbe, nichts liegt herum, wenn man hier einen Schlüssel oder ein Handy gedankenlos irgendwo hinlegt, muss man nicht lange suchen, weil alle Flächen frei sind. Ich verstehe die Sehnsucht, allen unnötigen Kram loszuwerden, radikal aufzuräumen, so wie es die japanische Ordnungsberaterin Marie Kondō predigt. So eine Wohnung muss wie ein Gerüst wirken, das Leben ist schon ungerade und chaotisch genug, Geometrie und Ordnung und wenig *clutter* haben da etwas Beruhigendes.

Und dann gibt es das Gegenmodell, das des stylishen Messies, wie bei Asfa-Wossen Asserate. Der Enkel des letzten äthiopischen Kaisers lebt in Frankfurt in einer Wohnung, in der kein Millimeter an der Wand frei ist, Aquarelle hängen neben Ikonen und Ölbildern, er sitzt auf einem hohen Sessel inmitten von Papierstapeln, es gibt vollgestopfte Bücherregale bis an die Decke, die Kommoden und kleinen Beistelltische sind dicht besiedelt von Silber-Bilderrahmen mit alten Fotos, nirgendwo auch nur ein Quadratzentimeter, der nicht besetzt ist, Marie Kondō würde hier durchdrehen. Wohnungen wie diese haben etwas komplett Unverwechselbares, sie sind organische Wesen, nicht nur Ausweis, sondern Verlängerung der dort wohnenden Persönlichkeit.

Die Frage, wie ein Mensch zu wohnen hat, ist eine philosophische. Es hat mit dem Selbstbild zu tun und mit dem Menschenbild. Wenn, wie eingangs geschildert, man den Ökologismus so weit treibt, dass man den Menschen – und damit sich selbst – als Schädling betrachtet, wird einem jede Form der räumlichen Ausbreitung widerstreben, sieht man den Menschen als etwas ganz Besonderes, zum Beispiel weil er sich über solche Sachen überhaupt Gedanken machen kann, dann wird man für sich auch Raum beanspruchen und den gestalten wollen. Ich muss an dieser Stelle, mit dessen Einverständnis, eine Passage aus einem Essay von Martin Mosebach zitieren. Das Stichwort ist menschenwürdiges Wohnen:

» Eines der großen Scheusale der Weltgeschichte, Kaiser Nero, über dessen moralische Verwerflichkeit eine solche Einigkeit besteht, dass eine selbstständige Intelligenz sich geradezu herausgefordert fühlen muss, nach Entlastungen oder doch zumindest Grautönen in seiner Biografie zu suchen, baute sich eine Residenz, die wie das Xanadu des Kublai Khan und die Hängenden Gärten der babylonischen Königin Semiramis nur als Legende eines unerhörten, unübertrefflichen Luxus im Gedächtnis der Völker weiterlebt. Vom Luxus der Domus Aurea konnte nun gefabelt werden. Einen runden Kuppelsaal habe es gegeben, schrieb Sueton, der Chronist der kaiserlichen Skandale, einen Raum, dessen Decke in Drehung habe versetzt werden können und aus dessen Gewölbe Rosenblätter auf die Tafelnden hinabgeregnet seien. Die Domus Aurea, das goldene Haus des Nero, war kein Palast im westlichen Sinn, kein zusammenhängender großer Baukörper wie etwa das Schloss von Versailles, sondern viel eher einem chinesischen Kaiserpalast oder den indischen Mogul-Palästen vergleichbar – ein riesiges Gartenareal mit großen und kleinen Pavillons, mit Wandelgängen und vielen Höfen verbunden, einem beständigen Wechsel von innen und außen, vorwiegend einstöckig, von oben gesehen eher einer Ansiedlung aus vielen verstreut liegenden Häusern gleichend, auf einem Gelände, größer als der heutige Vatikanstaat, ›eine Behausung, die eines Menschen würdig ist‹, mit den Worten Neros, die als eine der großen Dreistigkeiten in die Geschichte eingegangen sind, obwohl doch sicher keine Menschenverachtung aus ihnen spricht – eines Menschen würdig ist eben nur das Schönste und Größte; dass das nur für sehr wenige erreichbar bleibt, steht auf einem anderen Blatt.«

Nach Neros Tod wurde das Palastareal nicht mehr genutzt, keiner seiner Nachfolger wollte dort wohnen,

der große See wurde zugeschüttet, auf dem wieder-
gewonnenen Land entstand das Kolosseum.

Mosebach argumentiert, dass Verschwendung im
europäischen Kulturraum eigentlich immer zum Pro-
gramm der Reichen und Schönen gehört hat, und hegt,
wie er mir mal gestanden hat, den leisen Verdacht, dass
die japanische Aristokratie, für die Verschwendung als
hässlich galt, der unseren geschmacklich überlegen sein
könnte.

Diesen Exkurs habe ich uns gegönnt, weil er als
Grundlage der folgenden Untersuchung von Einrich-
tungsfragen dienen soll. Wir müssen vom Standpunkt
her argumentieren, dass es ein Menschenrecht ist, nicht
nur bequem, sondern auch luxuriös zu leben. Die Frage
ist allerdings, was zeitgemäßer Luxus ist. Dabei beginnt
die westliche Welt dazuzulernen, Verschwendung als
unästhetisch und Minimalismus als Schönheitsideal zu
entdecken. Geschmacklich ist man bei Minimalismus
eigentlich immer auf der sichereren Seite. Üppig über-
bordende Grandezza ist nichts für Amateure, wenn
man nicht die Stilsicherheit von Ludwig II. oder Asfa-
Wossen Asserate hat, endet das nolens volens in Pein-
lichkeit oder in den Armen oben erwähnter » Interior
Designer «. Grundsätzlich muss aber gelten: Pracht
ist erlaubt. Da Pracht immer mit Prestige zu tun hat
und die Dinge, für die man Anerkennung findet, dem
Wandel unterworfen sind, ist Pracht heute aber eben etwas anderes als vor 50 Jahren. Waren in den 70er- und
80er-Jahren des vergangenen Jahrhunderts noch die
eigene Sauna oder das eigene Schwimmbad im Keller

das Nonplusultra, ist heute das Ökohaus ein Sehn-suchtsobjekt.

Sehr angesagt sind ja sogenannte Passivhäuser. Also Häuser, die wie Thermosflaschen gebaut sind. Gute Idee, denkt man zunächst. Dann muss man praktisch nicht heizen. Im Winter ist das tatsächlich sensationell, un-schön ist nur, dass man im Sommer nicht atmen kann. Angela Merkel hat mal den schönen Satz gesagt: »Kein Land kann dichtere Fenster bauen.« Sie meinte das an-erkennend, das Problem ist nur, dass Neubauten heute so gut abgedichtet sind, dass mangelnde Lüftung und damit Fäulnis und Schimmel zur neuen Plage werden. Asthma, Lungenentzündungen und Infektionskrank-heiten nehmen zu, weil unsere Häuser zu dicht sind, in manchen US-Bundesstaaten ist es inzwischen sogar schon verboten, neue Häuser mit Dämmplatten abzu-dichten. Der *Spiegel*-Journalist Alexander Neubacher erzählt in seinem Buch *Öko-Fimmel* das Beispiel einer vorbildlichen Ökoschule in Brandenburg, die dank Pas-sivbauweise im Winter ohne Heizung auskam, die aber schon im ersten Sommer große Probleme hatte, weil die Schüler kaum noch Luft bekamen, über Kopfschmer-zen und Müdigkeit klagten. Die *Lausitzer Rundschau* schrieb damals: »Versagt bei einer Person im Raum das Deodorant, liegt die halbe Klasse im Koma.«

Freunde von mir sind gerade in einen sehr hübschen Neubau gezogen. Man versteht ja heute wieder recht schön zu bauen, das Apartmenthaus in der Nähe des Ku'damms wirkt von Weitem wie eines dieser massiven, schönen Häuser im Design der 1920er-Jahre. Kommt man dem sechsstöckigen Haus näher, sieht der Stein dann doch künstlich aus, und berührt man die Fassade, könnte man meinen, es sei ein Spielzeughaus, klopft man dagegen, klingt es hohl. »Die Dämmung«, erfährt man. Backstein-Imitat. Im Neuzustand sieht das tatsächlich hübsch aus, aber die Wand, gegen die man da klopft, wirkt so dünn, dass ein Kind nur einmal unvorsichtig sein Fahrrad dagegenknallen muss, um eine Delle zu verursachen. Wie sieht so ein Haus in zehn Jahren aus? Und warum wird überhaupt so viel Wert auf Dämmung gelegt, wenn es doch immer heißer wird? In Berlin wachsen bald Palmen, aber die Häuser werden so gebaut, dass sie möglichst kälteresistent sind. Meine Freunde wohnen im Dachgeschoss. Mein Tipp ist, dass sie vor lauter Ökopassivbauweise bald eine CO_2-Bombe in Form einer Klimaanlage brauchen.

Professor Matthias Garschagen, Geograf an der Ludwig-Maximilians-Universität in München und Experte für Wetterextreme, sagt, dass Hitze in den Städten aufgrund des Klimawandels zunehmend zum Problem wird. Städteplaner sind deshalb mit einer ganzen Reihe gordischer Knoten konfrontiert. Einerseits will man Zersiedelung vermeiden, denn der ausufernde Pendelverkehr stellt ein massives Umweltproblem dar, man will also kompakte Städte, auch aus Sicht des Hochwasserschutzes zum Beispiel haben sie Vorteile, andererseits gilt es, Hitzeinseln zu vermeiden.

Was das Wohnen anbetrifft, hat man als Einzelner nur sehr beschränkt Möglichkeiten, dabei mitzuhelfen, den Weltuntergang eine Weile aufzuhalten. Wer eine

Wohnung mietet, kann sich den Energiestandard nicht aussuchen, auch als Wohnungseigentümer wird man sich bei Eigentümerversammlungen wenig Freunde machen, wenn man die Wörter »Investitionen« und »energetische Gebäudesanierung« in den Raum wirft.

Wer sich hingegen ein Eigenheim baut, hat natürlich mehr Möglichkeiten. Das fängt damit an, wo man baut. Mag man die freie Natur? Dann baut man abseits von Kanal-, Wasser- und Stromanschlüssen und verursacht dadurch einen Fußabdruck im Niemandsland, was die größte anzunehmende ökologische Sünde überhaupt darstellt. *Zero points.*

Der zweitgrößte Faktor beim Selbstbauen: die Frage, wie viele Quadratmeter man beansprucht. Jeder Quadratmeter muss gebaut, beheizt und bewirtschaftet werden. Durchschnittlich leben die Deutschen auf 45 Quadratmetern pro Person. Das ist sehr wenig. Drunter will niemand. Aber müssen es 150 Quadratmeter oder mehr für zwei Leute sein? Einer der neuesten Ökotrends aus Amerika in diesem Zusammenhang sind »Tiny Houses«, die zum Teil nur 30 Quadratmeter groß sind, aber die man nach Bedarf ganz einfach erweitern und auch wieder abbauen und auf Lastwagen verladen und woanders wieder aufbauen kann.

Was Wärmedämmung in Hausdächern angeht, greifen Kenner inzwischen wieder auf uralte Methoden zurück, Dächer wurden schließlich schon gedämmt, bevor Polystyrol oder Mineralwolle erfunden wurden. Sehr im Trend ist es, Jute und Hanf zwischen den Sparren zu verlegen, die müssen nämlich nicht irgendwann als teurer Sondermüll enden und erfüllen ihre Aufgabe als Dämmstoff genauso gut wie Polystyrol, Glas- oder Steinwolle, haben aber den entscheidenden Vorteil, im Sommer Hitze sehr viel besser vom Haus fernzuhalten. Das Nonplusultra ist natürlich das Konzept »Living Walls and Roofs«, das derzeit in Kalifornien als ultimatives Statussymbol gilt. Dächer und Wände können so gebaut werden, dass sie Feinstaub und toxische Stoffe binden und über Nacht die Luft in den Häusern reinigen. Der bereits erwähnte Michael Braungart zum Beispiel berät Architekten, Gebäude zu bauen, die Nährstoffe an die Umwelt zurückgeben, er arbeitet mit Dächern, die mit einer dünnen, bewachsenen Erdschicht bedeckt sind, die dem Dach kostenlose Verdunstungskälte bei Hitze und Isolierung bei Kälte bietet. Die nach dem »Cradle to Cradle«-Prinzip gebauten Häuser produzieren Sauerstoff, binden Kohlenstoff und agieren als klimapositive Klimaanlagen. Braungart: »Das klingt wie eine neue Idee, ist es aber nicht. Sie basiert auf jahrhundertealten Bautechniken. In Island, aber auch in Süditalien wurden zum Beispiel viele alte Bauernhäuser so gebaut.« Inzwischen gibt es immer mehr Rasendächer auf Gebäuden, nicht nur auf Neubauten, weil die Vorteile einfach überwältigend sind. In Chicago half Braungart mit seinem Team, dem Bürgermeister einen Garten auf dem Dach des Rathauses anzulegen; Chicago träumt nun davon, die ganze Stadt so weit wie möglich mit begrünten Dächern zu beglücken.

Die weitaus positivste Klimabilanz brächte natürlich, wenn wir uns auf etwas ganz, ganz Altmodisches
zurückbesinnen würden, darauf nämlich, dass wir wieder in Rotten und Großfamilien zusammenleben. Ist es
nicht eigentlich Unsinn, dass so viele Menschen allein leben? Wir sind, um marxistisches Vokabular zu verwenden, »vereinzelte Einzelne« geworden. Energieeffizient
ist das nicht. Wäre es nicht aus vielerlei Gründen besser,
wenn sich Familien, die sich gut miteinander verstehen,
am besten generationsübergreifend zusammentun? Der
Klimapapst Christof Drexel, dessen Buch *Zwei Grad.
Eine Tonne* in Fachkreisen überschwänglich gelobt wurde, sagt, dass dem gemeinschaftlichen Wohnen und Bau-
en die Zukunft gehört: »Es bieten sich Möglichkeiten
für die gemeinsame Nutzung – von Räumen, die man
sich sonst vielleicht nicht leisten würde, von Gebrauchs-
gegenständen, vielleicht auch von Autos (in Form des ein-
fachsten Carsharing-Modells). Und letzten Endes bietet
das gemeinsame Wohnen sogar die Möglichkeit, sich
gegenseitig mit unterschiedlichen Fähigkeiten zu unterstützen, was vielleicht noch an Bedeutung gewinnt.«
Wenn unsere Städte durch *global warming* immer
heißer werden, dann wird die Vereinsamung in den
Städten auf absehbare Weise zum größten Klima-
problem, weil ja naturgemäß eher alte und sozial iso-
lierte Menschen unter der Hitze leiden werden. Wir
könnten jetzt bei all denen Klimaanlagen einbauen,
wieder *zero points*, oder anfangen, uns ein bisschen besser um sie zu kümmern. Den Eisbären, die angeblich so
sehr unter der Hitze leiden, kann man leicht seine Sym-

pathie zollen, die sind weit weg. Bei Sommerhitze ein
Auge auf die vereinsamte alte Dame oben im fünften
Stock zu haben ist aufwendiger.

* * *

Nun zu Fragen der Einrichtung:

Bevor ich mich zu konkreten Tipps hinreißen lasse, muss ich ein paar Dinge nennen, die wunderschön
sind, in Zeiten der ökologischen Korrektheit aber den
Weg ins Vergessen nehmen werden. Wenn selbst auf der
alten Onassis-Jacht » Christina O « die einst mit Wal-
vorhaut-Leder überzogenen Barhocker mit atmenden
Naturfasern versehen wurden, wissen wir, dass neue
Zeiten nach neuen Antworten verlangen und Rochen-
haut-Tapeten oder ausgestopfte Tiere im Wohnzimmer
nicht mehr auf der Höhe der Zeit sind.

In meiner Kindheit hingen bei uns im Haus nicht
nur unzählige Geweihe, sondern auch das Fell eines
ganzen Löwen, den mein Vater höchstpersönlich erlegt
hatte – in den 1960er-Jahren in Somalia (meinem Ge-
burtsort). Das waren andere Zeiten. Wir wohnten in
einem Dorf unweit von Bonn, wo mein Vater damals
für den Lobbyverband der deutschen Jäger arbeitete,
unser Haus war weiß, hatte hübsche knallrote Fenster-
läden, vor der Tür stand das gelbe VW-Käfer-Cabriolet
meiner Mutter. Das Löwenfell im Treppenhaus, samt
Kopf mit aufgerissenem, brüllendem Maul, war damals
für das dörfliche Rheinland ungewöhnlich, wenn mich
Schulkameraden besuchten, musste ich sie vorwarnen.
Aber mokiert hätte sich nie jemand darüber.

Heute wäre das völlig unvorstellbar. Wer heutzutage noch tote Tiere an der Wand hängen hat, ausgenommen sind ostwestfälische Barone und Großgrundbesitzer in Tirol, kann gleich Schrumpfköpfe an seine Eingangstür hängen. Das beste Argument gegen ausgestopfte Tiere (ich erinnere mich an eine Burg der Familie Waldburg-Wolfegg, in der man ausgestopften Füchsen, Wölfen und Braunbären begegnen konnte) stammt von einem alten Freund von mir, dessen Identität ich aus Diskretionsgründen nicht verraten kann, der sagte: » Ich mag es nicht, mich nachts erschrecken zu lassen. Ich hab schon eine Frau. «

Fast so démodé wie ausgestopfte Tiere, ich empfinde das als den deutlich größeren Verlust, sind leider inzwischen offene Kamine. Für mich ist die Vorstellung, in einem großen Salon im tiefen Sessel vor einem lodernden Kamin zu sitzen, dabei etwas zu lesen, auf einem kleinen Beistelltisch ein Teller mit Sandwiches, vielleicht eine Flasche Rotwein darauf, der Inbegriff des irdischen Paradieses. Als ultimativen Luxus stelle ich mir einen offenen Kamin im Badezimmer vor. Ein Landhaus ohne Kamin ist schwer vorstellbar. Luxus-Hipster lieben Kamine, sie gelten als urig und vermitteln ein Gefühl von Naturnähe, gern wird ins Feld geführt, dass das Verbrennen von Holz klimaneutral sei, schließlich setze Holz bei der Verbrennung nur so viel CO_2 frei, wie es vorher während des Wachstums aus der Atmosphäre aufgenommen habe, aber nach dieser Logik wäre dem Klima immer noch deutlich mehr gedient, wenn man Bäume wachsen ließe, statt sie zu verfeuern.

An Orten wie Kitzbühel, wo es zum Selbstverständnis gehört, im Winter den Kamin anzuschmeißen, entspricht die Ruß- und Feinstaubbelastung zur Hochsaison zum Teil der von Peking. Verbessern lässt sich die Umweltbilanz lodernder Kamine aber dadurch, dass man ein modernes Filtersystem in den Abzug einbaut, und auch durch die Verwendung geeigneten Brennmaterials. Es sollte zum Beispiel nur ausreichend abgelagertes Holz verfeuert werden. Je trockener das Holz, desto besser. Frisches Holz mit einem höheren Feuchtegrad verursacht mehr Ruß und andere schädliche Abgase. Auch beschichtete oder behandelte Holzreste sollten niemals im Kamin landen. Wichtig ist auch eine ausreichende Luftzufuhr. Je mehr Verbrennungsluft, desto lodernder und sauberer brennt das Holz. Ist die Luftzufuhr gedrosselt, schwelt das Holz eher, als dass es lodert, dabei entstehen in hohem Maße Ruß, Kohlendioxid und Kohlenmonoxid.

Ein weiteres heikles Thema sind frische Blumen. Auch das ist ja eigentlich der Inbegriff des Luxus. Auch diese Wonne ist im Zeitalter des Klimaschutzes leider, wahrscheinlich sogar zu Recht, unter Beschuss. Irgendwie ist die Idee, dass in holländischen Blumenfabriken allmorgendlich Ernten stattfinden und Millionen von Blumen dann mit dicken Lkws kreuz und quer durch Europa kutschiert werden, absurd. Wer nicht auf Blumenschmuck verzichten mag, der versuche es mit Seidenblumen, es gibt wunderschöne Exemplare, die man wirklich berühren muss, um sie von echten zu unterscheiden.

Wie steht es mit Kerzen? Auch sie fallen eigentlich in die Kategorie Feinstaubschleudern. Der wichtigste Kerzenrohstoff ist Paraffin, das aus Mineralöl gewonnen wird. Zweitwichtigster Rohstoff ist Stearin, das zumeist aus Palmöl oder Kokosfett hergestellt wird – zulasten der Tropenwälder. Die einzigen halbwegs ökofreundlichen Kerzen sind teure Kerzen aus Bienenwachs, aber auch da ist der Nachschub endlich, das Wachs für luxuriöse Ökokerzen wird zu 99 Prozent aus China, Südamerika oder Südafrika importiert, was die Umweltbilanz tief ins Negative zieht. Aber irgendwo muss man die Grenze ziehen. Lady Diana zum Beispiel bestand ja auf Duftkerzen. In ihrem Apartment im Kensington-Palast brannten von morgens bis abends Duftkerzen, die nach Tuberose, auch Josefstab genannt, rochen, eine Pflanzenart aus der Gattung der Agaven, deren Duft an Jasmin erinnert. Wer auf so einen Luxus nicht verzichten will, sollte seine Kerzen wenigstens beim lokalen Imker kaufen, der eigenes, nicht importiertes Wachs verwendet.

Dann gibt es noch Dinge, bei denen – anders als bei Kaminen, Blumen und Kerzen – es erfreulich ist, dass sie an Reiz verloren haben. Große Flatscreens gehören in diese Kategorie. Ich habe Häuser gesehen, wo sie über dem Kamin hingen, was einer geistigen Kapitulation gleichkommt und an Geschmacklosigkeit kaum zu überbieten ist. Flatscreens gelten, eine höchst begrüßenswerte Entwicklung, als überholte Technologie. In besseren Kreisen haben sie nur noch einen Platz in Separees, die zu Heimkinos umgewandelt wurden, und auch dafür sind Beamer und richtige Leinwände eigentlich besser geeignet. Moderne, übergroße Bildschirme sind Energiefresser und Sondermüll-Monster, sie gehören auf den Müllhaufen der Geschichte, um ein geflügeltes Wort (keine Ahnung, von wem) zu verwenden.

Wer heutzutage Eindruck schinden will, für den genügt es allerdings nicht, keine Flatscreens zu haben, es genügt auch nicht, irgendwie ökologisch und urig wirkende Möbel zu haben, die Gegenstände und Möbelstücke müssen idealerweise nicht nur upcycelt sein, sie sollten idealerweise auch mit einer überzeugenden Geschichte daherkommen. Bei Berliner Ökos höherer Einkommensklassen sind zum Beispiel die ziemlich teuren Einrichtungsgegenstände von UpCycle Berlin angesagt. André Stücher und sein australischer Kollege Tristan bauen in ihrem Kreuzberger Studio Möbel, die, wie der Name schon nahelegt, reine Upcycling-Produkte sind: Tische, Betten und Regale aus altem Berliner Bauholz. Wenn in Berlin Straßen aufgerissen werden, zum Beispiel um Rohre und Leitungen zu legen, werden die Gräben links und rechts abgestützt. Das Holz, das benutzt wird, würde normalerweise bei der Müllentsorgung landen, ist aber qualitativ recht hochwertig, darf zum Beispiel nicht chemisch behandelt sein, damit kein Gift ins Grundwasser kommt, deshalb hat sich UpCycle Berlin dieses Holz als besonders geeignetes Material für seine Möbel ausgeguckt. Gebaut wird auf Bestellung. Verkaufsschlager in Berliner Hipster-Kreisen ist das Bett. In London gibt es das *warehouse* Retrouvius, das Möbel, Paneele, Kacheln, Türen und Fenster aus

Abbruchhäusern rettet und hergerichtet weiterverkauft oder für seine Einrichtungsprojekte verwendet. Begehrt sind auch die Bilderrahmen vom Berliner Upcycling-Label Luxad. Die Rahmen von Designer Andreas David werden – ebenfalls ausschließlich auf Bestellung – individuell hergestellt, das bevorzugte Material: alte Wohnungstüren mit ihren absplitternden Farben, ihrem verrockten, verwelkten Look. Der Clou: Neben der Patina ist auch noch soziales Gewissen im Preis inbegriffen. Andreas David arbeitet inzwischen mit einer Bilderrahmen-Werkstatt in Südafrika zusammen, die mit recyceltem Holz arbeitet und jungen Leuten aus den Townships ein regelmäßiges Einkommen plus Sozialleistungen beschert. Das gilt es zu schlagen, das ist die Benchmark, solche Produkte sind heute Luxus.

7 Müll & Plastik
Kommt nicht in die Tüte!

» Warum haben Grüne so viele Kinder?«
» Weil sie Gummi ablehnen!«
Aus dem Volksmund
der 1980er-Jahre

Oft ist das, was uns modern und auf der Höhe der Zeit erscheint, uralt. Ich erinnere mich jedenfalls gut an die »Jute statt Plastik«-Schlachtrufe der 1980er-Jahre und dass ich immer leicht genervt war, wenn meine Mutter mich zum Einkaufen schickte und mich zwang, den hässlichen Beutel zu nehmen, den ich dann in einem möglichst kleinen Ballen in meiner Tasche versteckte, um damit nicht gesehen zu werden. Mit Einkaufstasche zum Einkaufen zu gehen, das war fast so peinlich, wie mit einem Einkaufstrolley gesehen zu werden. Heute sieht man (so ändern sich die Zeiten!) Hipster in Kopenhagen und Amsterdam mit ironischer Attitüde mit Hackenporsche durch die Straße ziehen. Wer hingegen eine Plastiktüte benutzt, verwirkt damit heutzutage geradezu seine bürgerliche Ehre. Jute statt Plastik hat knapp ein halbes Jahrhundert gebraucht, um modern zu werden.

Ich gehöre zu den eher Spätbekehrten. Als ich in London lebte, landeten in Plastik verschweißte aufgeschnittene Ananas- oder Mango-Portionen von Marks & Spencer für mich zwanghaft in jedem Einkaufswagen. Am Höhepunkt meines Convenience-Food-Wahns, zu dem einen das Londoner Konsumparadies leicht verführt, habe ich sogar Trauben fertig verpackt gekauft. Inzwischen hat es sich selbst zu mir durchgesprochen, dass aufgeschnittene Früchte bar aller positiven Wirkstoffe sind und eigentlich nur noch aus Zucker bestehen, da Obst, wenn es einmal aufgeschnitten ist, durch Sauerstoff und Licht ganz schnell alle Vitamine verliert. Wie ich in dem Kapitel über Essen dargelegt habe, versuche ich, beim Einkaufen so gut es geht auf Nahrungsmittel zurückzugreifen, die ohne Beschriftung auskommen. Man kann relativ mühelos auf Verpackungen verzichten. Allerdings bezweifle ich, dass wir alle bald mit eigenen Glas- und Zinnbehältern in Unverpackt-Läden stehen und unsere Lebensmittel selbst abfüllen. In gentrifizierten Vierteln großer Städte mag das angesagt sein. Viele werden da nicht mitmachen. In Berlin-Prenzlauer Berg habe ich einen solchen neulich einmal ausprobiert. Die Verkäufer hatten rote Wangen und wirkten, als kämen sie gerade vom Feld, die Kunden waren allesamt mit Einmachgläsern und ähnlichen Behältern bewaffnet, ich entschied mich für die bereitgestellten Papiertüten, eine schlechte Entscheidung, da meine Linsen zum Entsetzen der verächtlich blickenden Nachhaltigkeitsprofis auf dem Boden landeten und so weit streuten, dass der

Boden des kleinen Untergeschoss-Ladens komplett mit Linsen bedeckt war. Papiertüten sind also als Ersatz für Plastik suboptimal, ganz zu schweigen von deren Klimabilanz. Ich setze langfristig eigentlich darauf, dass sich neuartige, nicht synthetische Verpackungsmaterialien durchsetzen werden, die mit der Beschaffenheit von Plastik mithalten können. Denn bei aller – schon aus ästhetischen Gründen gebotenen – Aversion gegen Plastik ist es ein Gebot der Fairness, daran zu erinnern, dass die Erfindung von Kunststoff zunächst eine der genialsten der Menschheit überhaupt war. Beliebig formbar, leicht und praktisch, einfach und preiswert zu transportieren, in unterschiedlichsten Härten verfügbar, haltbar, wasserdicht, hygienisch, billig, ideal für die Massenproduktion. Als er Anfang des vergangenen Jahrhunderts seinen Siegeszug begann, verbesserte Kunststoff unser Leben in unendlich vielen Bereichen ganz wesentlich zum Besseren, man denke nur an die Medizin, all die Schläuche, Beutel, Implantate, an all die Technik und Elektronik, all die Nylonstrümpfe und Regenmäntel und Sitzbezüge, die ohne den Einsatz von Kunststoffen undenkbar gewesen wären.

Plastik besteht aus Molekülen, sogenannten Polymeren, die auch in der Natur vorkommen. Der Trick besteht darin, Polymere selbst zu formen, zum Beispiel indem man natürliche Stoffe wie Erdöl in seine molekularen Bausteine zerlegt und die Moleküle in endlosen Ketten neu wieder anders zusammensetzt.

Der Mann, der herausgefunden hat, wie das geht, der Belgier Leo Hendrik Baekeland, wird vom *Time*-Maga-

zin zu Recht in der Liste der 100 wichtigsten Wissenschaftler des 20. Jahrhunderts geführt. Plastik ist das
Material des modernen Zeitalters schlechthin, kaum
eine Erfindung hat unsere Welt so geprägt wie diese.
Wie verhängnisvoll seine Erfindung sein würde, war zu
seinen Lebzeiten noch nicht absehbar. Karl Ove Knausgård sagt übrigens, dass alle großen technologischen Errungenschaften, von der Druckerpresse bis zum Flugzeug und Atomkraftwerk, von einem Schatten begleitet
werden, » der nicht zu sehen, aber trotzdem da ist, bis
seine Konsequenzen sich vor unseren Augen mani-
festieren «. Carl Benz habe, als er 1885 in einer Garage
in Mannheim an seinem Zweitaktmotor herumbastelte,
auch nicht geahnt, dass in Zukunft jährlich 1,25 Millionen Menschen bei Verkehrsunfällen umkommen würden. Bei allen großen Erfindungen, bei allen Wissens-
revolutionen, so Knausgård, stehe unsichtbar der Teufel
daneben. Auch auf der Erfindung des Plastiks, seinem
Erfinder und dessen Familie lag ein Schatten.

* * *

Leo Baekeland war ein Genie. Sein Vater, ein Schus-
ter in der belgischen Stadt Gent, war arm, weder des
Schreibens noch des Lesens mächtig, ein Trinker und
gewalttätig, aber er erkannte die Begabung seines Sohnes, verzichtete auf ihn als billigen Lehrling und er-
laubte ihm, die Schule zu besuchen. Das Resultat war,
dass Leo mehrere Klassen überspringen konnte, mit 19
auf der Universität in Gent aufgenommen wurde und
mit 26 Jahren bereits ein kommodes Auskommen als

Assistenz-Chemieprofessor hatte. Er heiratete eine gewisse Céline Swarts, emigrierte nach Amerika, erfand dort Velox, das erste kommerziell nutzbare Fotopapier, verkaufte das Patent an die Kodak Company und wurde Millionär.

Leo nutzte die freie Zeit, die der Wohlstand mit sich brachte, für Chemieexperimente. Als er eine Probe Versuchsmaterial einmal versehentlich in der Sonne stehen ließ, machte er eine Zufallsentdeckung. Das Material war erkaltet und steinhart geworden. Baekeland experimentierte weiter, vor allem mit Kombinationen aus Formaldehyd und Phenol, und schuf ein vollkommen flexibel formbares Material, das sogenannte Bakelit, den ersten wirklich synthetischen Kunststoff. Mit dem Patent in der Tasche stellte er Bakelit am 5. Februar 1909 im New Yorker Club der Chemiker an der 55. Straße vor. Die von ihm gegründete General Bakelite Company machte aus einem sehr reichen einen schwerreichen Mann. Da war Leo Baekeland gerade mal 40 Jahre alt.

Der Niedergang begann mit dem Einstieg seines Sohnes George in die Firma in den 1930er-Jahren. George, zu reich und zu sehr dem guten Leben zugeneigt, um den Versuchungen der Stadt New York jener Jahre zu widerstehen, war, wie Söhne von Genies ja oft, ein kompletter Nichtsnutz. Sein Vater verachtete und tyrannisierte ihn, band ihn aber trotzdem in seine Firma ein und geriet mit ihm immer wieder in das Unternehmen lähmende Streitigkeiten. George nutzte die Phasen geistiger Abwesenheit, die sich bei seinem Vater immer wieder einstellten, um hinter dessen Rücken (meist falsche) Entscheidungen zu treffen. Leo Baekeland entwickelte sich als alternder Patriarch zu einem Sonderling, pflegte diverse Obsessionen, zum Beispiel bestand er irgendwann darauf, sein Essen ausschließlich aus Konservendosen zu sich zu nehmen. Auch war er besessen von der Idee, einen riesigen tropischen Urwald zu schaffen, und begann, auf seinem Besitz in Coconut Grove in Florida einen tropenähnlichen Park anzulegen, in den er sich wochenlang zurückzog und unansprechbar war. George nutzte eine dieser manischen Phasen seines Vaters, um hinter dessen Rücken die Familienfirma an den Union-Carbide-Konzern zu verkaufen. Leo Baekeland starb milliardenschwer, aber einsam und verbittert im Alter von 80 Jahren in der Nervenheilanstalt in Beacon, New York, dem Sanatorium, das später auch durch die Aufenthalte von Zelda Fitzgerald und Marilyn Monroe berühmt wurde.

George nutzte die Freiheit von seinem Vater, Häuser auf der ganzen Welt zu kaufen. Sein größter Ehrgeiz war, in England als Landedelmann akzeptiert zu werden, und er schmiss deshalb große Partys und Jagden, oft ohne einen Großteil seiner Gäste zu kennen. Er hatte einen Sohn, Brooks, der noch fauler und ein noch größerer Nichtsnutz war als er selbst, der sich selbst aber als Intellektuellen sah und mit dem Geld seiner Familie Expeditionen nach Peru unternahm und sich alle Mühe gab, so viel Geld wie möglich auszugeben. »Meine Großeltern haben mich mit *fuck-about-money* ausgestattet«, war einer seiner Standardsprüche, er hatte von seinen Großeltern die ausdrückliche

Erlaubnis, Geld zu verschwenden, wovon er reichlich Gebrauch machte, er war das, was man in Wien »blödsinnig reich« nennt.

Über seine Schwester lernte Brooks in Los Angeles Barbara Daly kennen, das berühmteste It-Girl der Zeit, Anfang 20, rote, wallende Haare, hochgewachsen, laut, exzentrisch, *Vogue*-Model, eine in Boston geborene Ostküstenprinzessin, die gerade ihre erste Rolle in Hollywood ergattert hat. Die beiden wurden ein Paar, zogen in ein Luxusapartment in New Yorks Upper East Side und bildeten das Zentrum jenes extravagant-dekadenten Treibens, für das die High Society New Yorks der 1940er-Jahre berüchtigt war. Tennessee Williams verkehrte bei ihnen, Salvador Dalí, Greta Garbo. Über diese Zeit gibt es die wildesten Geschichten, eines der berühmten Partyspiele bei den Baekelands ging so: Spätabends mussten sich die Herren in Reih und Glied – mehr Glied als Reih in dem Fall – hinter einer nur den Oberkörper verdeckenden Leinwand aufstellen und ihre Hosen runterlassen. Die Damen mussten dann ihre jeweiligen Partner anhand ihrer primären Geschlechtsorgane erkennen. Da gab es sicher immer ein großes Hallo, wenn man den Falschen erkannte.

Brooks verlustiert sich auf Reisen mit diversen Geliebten, Barbara verbringt ihre Nachmittage zwischen Martini-Lunches und Therapiesitzungen bei den berühmtesten Psychiatern der Stadt. 1946 brachte Barbara ihren gemeinsamen Sohn Tony zur Welt. Tony wuchs reich, aber emotional verwahrlost auf und zeigte schon früh Anzeichen mentaler Instabilität. Eine seiner Lieblingsbeschäftigungen war es, Insekten zu fangen und ihnen die Flügel auszureißen. Auf einer der Reisen nach Südfrankreich beobachtete eines seiner Kindermädchen, wie Tony alleine am Strand spielte, Krebse sammelte und ihnen dann, einem nach dem anderen, die Gliedmaßen abriss. Als sie es Barbara erzählte, wurde sie entlassen. Die Eltern waren überzeugt, ihr Sohn sei ein Genie. Seinem Psychiater erzählte Tony später, dass er bereits im Alter von acht Jahren in der Schule seine ersten homosexuellen Erfahrungen gemacht und ab seinem 14. Lebensjahr aktiv nach Sexualpartnern Ausschau gehalten habe. 1967, Tony war inzwischen 21 Jahre alt, geriet er bei einer Reise nach Spanien an » Black Jake «, den Anführer einer okkulten Sekte, der ihn mit LSD abfütterte und als eine Art Sexsklaven hielt, bis seine Mutter ihn von dort entführte und mit ihm nach Mallorca zog.

Den Rest der Geschichte sollten zarter besaitete Leser überspringen. Barbara, ihr Mann Brooks hat sich zu der Zeit längst mit einer Geliebten abgesetzt, nimmt sich nämlich vor, Tonys Homosexualität zu heilen – indem sie mit ihm schläft. Den Sommer 1969 verbringen die beiden als inzestuöses Paar auf Mallorca, zurück in New York, spricht Barbara auf Dinnerpartys ganz offen darüber. » Also Leute, als ich gestern mit meinem Sohn ge… « Wir befinden uns hier in den obersten Zirkeln der New Yorker Society und zugleich in dantesken Tiefen der Hölle. Tony schreibt sich auf einer der New Yorker Künstlerakademien ein und beginnt, Bilder zu malen, die seine Mutter mit abgetrenntem Kopf und aus allen Seiten blutend zeigen, Barbara belegt Kurse in kreativem Schreiben und verfasst Texte über den Sex mit ihrem Sohn. Immer öfter vorkommende Gewaltausbrüche ihres Sohnes bringt sie mit dicken Schecks in Ordnung und entschuldigt ihn als »Genie, eine Künstlernatur, die nicht für diese Welt gemacht ist«. Warnungen von Tonys Psychiater, dass ihr Sohn ihr eines Tages etwas antun werde, ignoriert sie. Auch als Tony sie mit einem Gehstock so stark verletzt, dass sie ins Krankenhaus eingeliefert werden muss, weigert sie sich, ihn in eine Nervenklinik einzuliefern. Erstaunlicherweise gibt Barbara in ihrem Apartment aber weiter glamouröse Dinnerpartys, zu deren üblichem Ablauf es gehört, dass irgendwann zu später Stunde Tony in Unterhosen in den Salon oder an den Esstisch stürmt und, ein Küchenmesser fuchtelnd, seine Mutter oder einen der Gäste bedroht.

Anfang der 1970er-Jahre zieht Barbara mit Tony nach London, sie beziehen eine Wohnung am Cadogan Square in Chelsea, eines jener palastartigen Mehrfamilienhäuser aus rotem Backstein in der Nähe des Sloane Square. Barbara gibt weiter Dinnerpartys, Tonys Gewaltausbrüche werden schlimmer. Einmal versucht er, seine Mutter auf der King's Road auf die Straße unter ein fahrendes Auto zu stoßen, sie kommt leicht verletzt davon, wieder verweigert sie Tonys Unterbringung in einer psychiatrischen Klinik. Einer der Psychiater, der ihn behandelt, meldet sich sogar bei der Polizeiwache in Chelsea mit dem Hinweis, dass sie ein Auge auf Cadogan Square Nummer 81 haben sollten, weil dort ein ge-

walttätiger Irrer mit seiner Mutter lebe, deren Scheck-
buch der einzige Grund dafür sei, dass ihr Sohn noch
frei herumlaufe.

Am 17. November 1972 trifft sich Barbara mit ihrer
besten Freundin, Missy, einer russischen Prinzessin,
zum Mittagessen. Um kurz nach 19 Uhr erhält die
Prinzessin einen Anruf der Kriminalpolizei mit der
Frage, wann sie ihre Freundin das letzte Mal gesehen
habe. Später rekonstruierte die Polizei das Geschehen
so: Nach Barbaras Rückkehr vom Mittagessen kam es
zwischen Tony und ihr zum Streit, er griff zu einem
Küchenmesser, stach einmal zu, traf eine Arterie direkt
am Herzen, ließ seine Mutter verbluten und rief Stunden später, als sie längst tot war, den Notruf. Als die
Beamten die Wohnung betraten, saß Tony im Schlaf-
zimmer und bestellte gerade sein Abendessen in einem
chinesischen Restaurant.

Als Brooks von der Ermordung seiner Frau durch seinen Sohn erfuhr, zeigte er das der Familie Baekeland
eigene Mitgefühl und meinte: » Das haben die nur gemacht, um mich zu ärgern. «

Die folgenden sieben Jahre saß Tony in Londons
Haftanstalt Broadmoor – bis seine Familie und seine
Anwälte sich dafür einsetzten, ihn zurück nach New
York holen zu dürfen. Die von teuren Psychiatern vor-
gelegten Gutachten sollten belegen, dass von Tony
keine Gefahr mehr ausgehe, da das Objekt seiner Ob-
session und seines Hasses, seine Mutter, nicht mehr am
Leben sei. Es wurde Tony erlaubt, begleitet von zwei
Justizbeamten nach New York zu fliegen, wo er nach

sechs Tagen, er wohnte bei seiner Großmutter, Barbaras Mutter, diese ebenfalls mit dem Messer attackierte. Sie überlebte schwer verletzt. Nach seiner Festnahme kam er ins Gefängnis auf der Rikers-Insel, wo er, der Junge mit dem Treuhandfond im Rücken, schnell zum beliebten Objekt für Schutzgelderpressungen wurde. Tony fühlte sich, wenn man Zeitzeugen glaubt, relativ wohl im Gefängnis von Rikers Island, unterhielt dort einen Sex-Ring von Strichern für zahlende Klientel, fing ein Techtelmechtel mit einem der Gefängniswärter an und unterhielt eine Beziehung zu dem am meisten gefürchteten Insassen, einen für seine Grausamkeit berüchtigten Sexualstraftäter und Kindermörder. Am 20. März 1981 wurde Tony Baekeland von Mitinsassen ermordet. Das Motiv ist unklar.

Über das Tötungsinstrument, eine Plastiktüte, ist viel geraunt worden, als ob dies eine besonders dunkelironische Bewandtnis hätte. Ein makabrer Zufall ist es. Fest steht jedenfalls, dass eine der verheerendsten Erfindungen der Menschheit auf einen Mann mit erschütternder Familiengeschichte zurückgeht und dass Knausgård wohl damit recht hat, dass alle großen technologischen Errungenschaften von einem Schatten begleitet werden.

* * *

Hier ein paar nüchterne Fakten zu dem von Baekeland geschaffenen Monster:

Der größte Vorteil von Plastik ist seine Haltbarkeit. Das ist aber zugleich auch seine größte Tücke. Die Zersetzungsdauer von Plastik beträgt, je nach Dicke und

Dichte, zwischen 500 und 2000 Jahren. Seit jenem 5. Februar 1909 im New Yorker Club der Chemiker bis heute wurden rund 8,3 Milliarden Tonnen Plastik produziert, von denen das allermeiste, nämlich 6,3 Milliarden Tonnen, immer noch da ist (ein Großteil im Meer), vor sich hin rottet, giftige Stoffe und Gase ausstößt und in unseren Nahrungskreislauf gerät.

Die viel gelobten Initiativen wie »The Ocean Cleanup«, die für die Säuberung der Meere kämpfen, sind wahrscheinlich vollkommen sinnlos, weil so viel nachkommt, dass es ein bisschen so ist, als stünde bei einem die Küche unter Wasser und man begänne aufzumoppen, bevor der Wasserhahn abgedreht ist. Bis 2030 wird sich unser Kunststoffbedarf noch einmal verdoppeln. Bis 2050 werden – vorsichtigen Schätzungen nach – weitere 40 Milliarden Tonnen Kunststoff hergestellt werden. Allein Coca-Cola steuert zehn Millionen PET-Einwegflaschen bei – stündlich (macht knapp 90 Milliarden PET-Flaschen im Jahr).

Experten sprechen bereits von der »Plastokalypse« und davon, dass wir längst die Kontrolle über das Plastik verloren haben und dass es angesichts der Abhängigkeit der gesamten Industrie von Kunststoff – vom PVC für Rohre und im Bau über das Acryl als Glasersatz, das Nylon für die Kleidung bis zu all dem Plastik für unsere Handys, Geräte, Computer, Häuser, Autos – gar kein Zurück mehr gibt.

Die Folgen für unsere Gesundheit sind noch nicht annähernd erforscht. Man nimmt an, dass Weichmacher und andere toxische Stoffe im Kunststoff in unser Erbgut eindringen können, zu Unfruchtbarkeit führen und Krebs verursachen. Auch die Gefahr durch Mikroplastik, also Partikel, die im Durchmesser kleiner als fünf Millimeter sind und auch in Kosmetika und Zahnpasta Verwendung finden, tritt erst langsam zutage. Mikroplastik ist inzwischen fast überall zu finden, in Honig, in Brot, in Seesalz, in Bier, im Trinkwasser. Bei 93 Prozent aller Europäer ist Bisphenol im Urin nachweisbar, das Bestandteil vieler Produkte des täglichen Gebrauchs wie Plastikflaschen ist. Seit der berühmten »Kreditkartenstudie« von Kala Senathirajah von der University of Newcastle in Australien wissen wir, dass jeder Mensch pro Woche bis zu fünf Gramm Plastik, das Gewicht einer Kreditkarte, zu sich nimmt. Jedes Jahr gelangen mehr als zehn Millionen Tonnen Plastik in die Meere, bis 2050, wurde errechnet, wird es mehr Plastik als Fische im Meer geben. 90 Prozent aller Seevögel haben Plastik im Magen, 2018 wurde in Spanien ein toter Wal angeschwemmt, in dessen Magen 32 Kilo Plastiktüten gefunden wurden.

Eine Studie des Bunds für Umwelt und Naturschutz Deutschland (BUND) und der Heinrich-Böll-Stiftung kam 2019 zu dem ernüchternden Ergebnis, dass alle Gegenstrategien gegen die Übermacht des Plastiks bislang relativ erfolglos waren. Wir Europäer sind inzwischen zwar ziemlich sorgsam und zurückhaltend mit Verpackungsmüll, so sorgsam, dass den vielen stromgewinnenden Verbrennungsanlagen langsam der Brennstoff ausgeht. Deshalb sind unsere gelben Säcke so begehrt. Unsere artig ausgewaschenen Plastikbecher sind nämlich, weil sie all das schöne Erdöl enthalten, bestens für ein prasselndes Feuer in Verbrennungsanlagen geeignet. Während wir unseren Plastikmüll also verbrennen und das dann »Recycling« nennen, wachsen in Asien die Plastikmüllberge. 90 Prozent des Plastikmülls, das in unseren Weltmeeren herumschwimmt, gerät durch zehn Flüsse dorthin, die allesamt in Asien und Afrika liegen. Der Jangtse allein, Chinas größter Fluss, spült jedes Jahr 1,5 Millionen Tonnen Plastik ins Meer.

Können wir dazu beitragen, dass der Müll weniger wird?

Ein Blick in den Abfalleimer, wenn man mal wieder Sushi gegessen oder seine online bestellten Pakete ausgepackt hat, beantwortet die Frage. Das Bundesumweltministerium bietet Tipps zum Herunterladen an, wie Plastikmüll zu meiden ist (»zum Beispiel die Folie um die Gurke, aufwendige Kunststoffverpackungen für loses Obst und Gemüse«), man kann sein Obst und Gemüse auf dem Markt lose einkaufen, in vielen Hipster-Läden kann man, wie gesagt, inzwischen sogar Dinge wie Reis in seine mitgebrachten Behälter abfüllen. Natürlich bringt das was. Fast die Hälfte des Plastikmülls besteht aus Verpackungen. Wir dürfen vor lauter vorbildlichem Kompostieren und Mülltrennen und Joghurtbecherauswaschen aber auch nicht aus dem Auge verlieren, dass sich nichts ändern wird, wenn wir in unserem Denken in Berlin oder Freiburg im Breisgau bleiben. *Think Globally, act Locally* ist schön und gut, aber in dem Fall ist es vielleicht tatsächlich angebracht, über den eigenen Tellerrand zu schauen und deutsches Geld und deutsche Technologie in die Hand zu nehmen, um dafür zu sorgen, dass die Plastokalypse dort bekämpft wird, wo sie das größte Problem darstellt. Tatsächlich sind im sogenannten Klimafonds der deutschen Bundesregierung Mittel vorgesehen, um den Export von Recycling-Technologien zu fördern, allerdings wird man mit der Summe – 50 Millionen Euro für ganz Asien und Afrika, gestreckt über zehn Jahre – vermutlich gerade mal die Kekse bezahlen, die die jeweiligen Delegationen bei ihren Verhandlungen verzehren.

Immer wenn vom Müllproblem die Rede ist, ist damit eigentlich das Plastikproblem gemeint, denn dass Müll überhaupt zum Problem wurde, ist allein ein Resultat der Erfindung des Kunststoffs. Bevor es den gab, gab es auch keinen Müll. Bis vor 200 Jahren kannte man dieses Wort noch nicht einmal. Auf dem Land gab es ohnehin keinen Abfall. Dort wurde immer alles wiederverwertet. Städter nannten Dinge, die sie unbedingt loswerden wollten, Unrat, und den wurde man meist auf recht profane Art los – man goss ihn aus dem Fenster oder, etwas geordneter, in die Jauchegrube. Eine sehr spezielle Form der Müllabfuhr gab es jahrhundertelang in München, nämlich sogenannte Rennsäue. Schweine, die durch die Stadt getrieben wurden, um die Abfälle zu fressen. Ein Musterbeispiel für Kreislaufwirtschaft. Die Schweine fraßen den Müll der Münchner, und die Münchner aßen später die Schweine als Braten und in der Wurst.

Erst als im 19. Jahrhundert die Städte immer größer und dichter wurden und die Komposthaufen und Jauchegruben in den Hinterhöfen verschwanden, musste man sich langsam Gedanken über Müllentsorgung machen, aber Müll bedeutete damals eben vor allem Fäkalien, und die ließen sich problemlos entsorgen. Ab Mitte des 19. Jahrhunderts gab es in allen großen deutschen Städten Kanalisationssysteme. Um die Jahrhundertwende entstanden in Deutschland sogenannte Poudrette-Fabriken, in denen menschliche Fäkalien pulverisiert wurden, um als Dünger in der Landwirtschaft und im Gartenbau eingesetzt zu werden. Hauptbestandteile des Hausmülls waren vor der Erfindung von Kunststoff Fleisch- und Pflanzenteile, also der heutige Biomüll, und Feinmüll, der hauptsächlich aus Asche bestand.

Erst nach dem Zweiten Weltkrieg, genauer: ab Beginn der Wohlstand-für-alle-Epoche Ende der 1950er-Jahre, änderte sich die Müllsituation komplett. Die steigenden Müllmengen überraschten alle Stadtplaner, und mit dem Siegeszug der Kunststoffe gab es nun erstmals das Phänomen des Verpackungsmülls. Die Reaktion der Städte: größere Müllfahrzeuge, mehr Tonnen (aus Plastik) für die Haushalte – und die Nutzung von Müll als Brennstoff für Kraftwerke und Fabriken, also Müllverbrennung. Man kam nämlich recht schnell darauf, dass es nicht ganz ungefährlich ist, Müll einfach in irgendwelchen alten Bergwerken wegzukippen, da so Schadstoffe ins Grundwasser sickern können und giftige Gase entstehen. Dank des Plastiks wurde Müll zum begehrten Gut, er bestand nun nicht mehr wie früher nur aus Brennstoff, Fäkalien, Asche, Scherben und Lumpen, sondern wurde zum begehrten Brennstoff. So ist es bis heute.

Aber sind wir Deutschen nicht ganz weit vorne? Haben wir nicht den Grünen Punkt erfunden und Recycling zur Pflicht gemacht? Stimmt. Nur gilt in Deutschland Plastik auch als recycelt, wenn es »thermisch verwertet«, vulgo verbrannt, wurde. Mindestens 60 Prozent unseres Plastikabfalls werden verbrannt. Plastikmüll ist, wie gesagt, sogar ein begehrter »alternativer« Brennstoff. Auch die 14 Prozent Plastikmüll, die nach Afrika und Asien exportiert werden, gelten als recycelt, obwohl das meiste dort auf illegalen Müllkippen landet. Wenn wir zu Hause artig unsere Joghurtbecher auswaschen (»restentleert«, »tropffrei« und »löffelrein«, wie das Duale System lehrt), die Gelbe Tonne nutzen und unsere Plastikflaschen abgeben, tun wir das im besten Glauben, dass aus unseren Plastikbechern viele neue kleine Plastikbecher geboren werden, tatsächlich ist so ein »stoffliches Recyceln«, wie der Fachbegriff für solche Wiedergeburtserfahrungen lautet, die man vom Glas zum Beispiel seit jeher kennt, für Plastik viel zu aufwendig und teuer, und dafür ist Plastik als Brennstoff auch viel zu begehrt. Stofflich recycelbar sind moderne Verpackungen nicht, weil sie (viele Grüße an der Stelle an Herrn Rausing, den Erfinder des Tetra Pak) aus zu vielen verschiedenen Materialien zusammengemixt sind, und je mehr Stoffe zusammen vermengt werden, desto schwieriger und teurer ist es, sie wieder voneinander zu trennen.

Wir haben es beim Plastik also mit einer dieser Errungenschaften der Moderne zu tun, die uns über den Kopf gewachsen sind.

Gibt es Auswege?

Bioplastik, das nach Gebrauch kompostiert werden kann, existiert längst. Der Chilene Roberto Astete hat zum Beispiel den »Solubag« entwickelt, eine Einkaufstüte, die wie Plastik aussieht, nach dem Gebrauch aber in warmem Wasser aufgelöst werden kann. Das Problem ist allerdings, dass zu wenig Investitionen in diese Technologien fließen und es noch zu teuer ist, um eine echte Marktchance zu haben. Außerdem: Wie soll mit Bioplastik, zum Beispiel aus Mais und Kartoffeln, ein jährlicher Kunststoffbedarf von einer halben Milliarde Tonnen gedeckt werden? Wo sollen die Flächen dafür herkommen? Der schon erwähnte Michael Braungart sagt, dass Bioplastik sehr wohl eine Zukunft habe, dass sich die Industrie dafür allerdings davon verabschieden müsse, weltweit die gleichen Verpackungsmaterialien zu verwenden, ein Prinzip, das erwähnten Ruben Rausing (dessen Familiengeschichte, das wirklich nur am Rande, fast ebenso tragisch ist wie die Baekelands) zu einem der reichsten Männer der Welt gemacht hat. Braungart sagt, man müsse die Verpackungen regional anpassen, die Luxus-, Mode- und Kosmetikindustrie passe ihre Produkte schon lange den verschiedenen Märkten an, warum solle das der Verpackungsindustrie nicht gelingen? In der westlich-fortgeschrittenen Welt, sagt Braungart, seien Polymere vielleicht die beste Lösung, weil man sie mit hiesigen Techniken als Nahrung für neue Verpackungen benutzen könne, in anderen Ländern, zum Beispiel in China, müsse man vielleicht Verpackungen herstellen, die ohne giftige Rückstände verrotteten und die man deshalb aus dem Zugfenster schmeißen könne. Man könnte, sagt Braungart, sie sogar mit Saatkörnern heimischer Pflanzen bestücken, die Wurzeln schlügen, während die Verpackung zerfalle.

Ähnlich revolutionär ist auch der Ansatz des Unternehmers und Philanthropen David Katz, der »The Plastic Bank« gegründet hat. »80 Prozent des Plastikmülls entsteht in Ländern mit überwiegend armer Bevölkerung«, sagt Katz, »wenn es bei dir im Leben ums pure Überleben, um ein Dach über dem Kopf und die nächste warme Mahlzeit geht, dann hast du nichts mit Recycling am Hut.« Katz bekämpft Armut und Plastikmüll, indem seine »Plastic Bank« Menschen Geld, Dienstleistungen oder Güter für ihre Plastikabfälle zahlt. In Haiti hat das Recyclingunternehmen seit seiner Gründung 2015 Plastik als eine neue Art von Währung etabliert und 600 000 Dollar unter die Menschen dort gebracht. Seit 2017 arbeitet die »Plastic Bank« mit Henkel als erstem globalen Konsumgüterkonzern zusammen, in neu errichteten Plastik-Sammelcentern wurden seither mehr als 35 Tonnen Plastik gesammelt, die Henkel als Verpackungsmaterial nutzt und als »Social Plastic« vermarktet. Auch die Kosmetikfirma Lush arbeitet mit der »Plastic Bank« und stellt aus deren Material zum Beispiel ihre Tuben her.

Bleibt die Frage, ob es denn nun in unseren Breitengraden eine sinnvolle Beschäftigung ist, den Müll in all die Tonnen zu trennen oder nicht. Wie viel Energie und Fleiß sollte man überhaupt in die Bestimmungen und Mülltrennungsvorgaben investieren, die ja noch dazu von Ort zu Ort verschieden sind und immer wieder verändert werden, wenn das meiste doch in Müllverbrennungsanlagen endet? Die kurze Antwort: Man sollte schon aus Prinzip seinen Müll trennen. Alles andere entspricht einer *Après-moi-le-déluge*-Haltung. Braune Tonnen sind gut, aber nur, wenn man keinen Sch..., der amtliche Begriff lautet »Fremdstoffe«, hineinwirft. Jedes Fitzelchen Plastikmüll, das man in so eine Biotonne wirft, muss ein bemitleidenswerter Mensch, der mit Atemschutzmaske irgendwo an einem Band steht, mühselig wieder rausziehen. Es ist also schon ein Gebot der Höflichkeit, so wenig Müll wie möglich zu machen und den, den man macht, ordentlich zu trennen.

8 Tierliebe
Mit Schweinen auf Augenhöhe

Wer die Tiere nicht achtet,
kann nicht menschlich leben.

Alfred Brehm

Der thailändische König hat seinen Lieblingszwerg-pudel auf dem Höhepunkt seiner Liebe in den Rang eines Marschalls der Royal Thai Air Force erhoben, » Fufu « unterhielt bis zu seinem Tod 2015 im reifen Alter von 17 Jahren einen eigenen Palast mit eigenem Personal, im thailändischen Staatshaushalt war seine Vergütung geregelt. Der US-Botschafter Ralph L. Boyce schrieb in einem später über Wikileaks an die Öffent-lichkeit geratenen Bericht nach Washington, » Fufu « sei zu offiziellen Staatsdiners in eigens für ihn geschnei-derter Uniform samt kleiner schwarzer Lack-Hunde-schühchen erschienen und sei während der Diners un-gestört über die königliche Tafel gesprungen, habe aus den Gläsern der Gäste geschlabbert und sich von deren Essen bedient.

Haustiere waren früher überhaupt nur Königen vor-behalten, sie waren feudale Prestigeobjekte, sie wurden getauscht oder verschenkt, Karl der Große bekam von einem Herrscher aus dem Morgenland sogar einmal einen weißen Elefanten. »Abul Abbas« war die Sensation bei Hofe, wurde aber in Aachen nicht glücklich. Friedrich II., der Sizilianer auf dem deutschen Kaiserthron, lange die Sehnsuchtsfigur der Deutschen, der, der angeblich im Kyffhäusergebirge nur auf den rechten Zeitpunkt wartet, um uns alle zu retten, unterhielt einen spektakulären Privatzoo mit Geparden, Affen und exotischen Vögeln, der ihn auch auf seinen Reisen begleitete. Angeblich verbreitete er damit so viel Ehrfurcht, dass er so manche Eroberung auch ohne Waffengewalt hinbekam; wer so lebte, dem musste man sich geradezu unterwerfen.

Heute gibt es in Deutschland laut Wikipedia etwa 34 Millionen Haustiere, damit liegen wir im europäischen Vergleich auf Platz zwei hinter Russland, wo ungleich mehr Menschen leben. Vielleicht ist die Klimadiskussion ein willkommener Anlass dafür, auch hier über eine Abrüstung nachzudenken.

Ein Hund verursacht in Deutschland im Durchschnitt 2,5 Tonnen CO_2-Emissionen pro Jahr. Allein sein Fleischkonsum schlägt mit zwei Tonnen CO_2 pro Jahr zu Buche. Andere Haustiere sind deutlich sparsamer, Meerschweinchen, Hamster oder Kanarienvögel verursachen nur rund 0,1 Tonnen pro Jahr. Wir hatten jahrelang einen Hund, einen Jack Russell Terrier namens Beppo, der im Freundeskreis zu seinen Blütezeiten den Spitznamen »geiler Graf« verpasst bekam. *De mortuis nil nisi bene* gilt auch für Hunde, deswegen an dieser Stelle kein böses Wort über ihn, zumal diese Worte (wenn sie irgendwo downloadbar sind) womöglich in die Hände meiner Kinder geraten könnten, fest steht trotzdem, dass ich seit Beppos sanftem Ableben vor ein paar Jahren nur noch ein paar Glockentierchen halte, wenn Sie nicht wissen, was das ist, googeln Sie es bitte (mit googeln meine ich natürlich, das auf Ecosia nachzuschauen, der ökologisch-korrekte Suchmaschine, aber da die sich so einen sperrigen Namen gegeben hat, gibt es dazu kein Verb). Glockentierchen sind extrem anspruchslos, so klein, dass sie die Bezeichnung »putzig« verdienen, auf ihrem Speisezettel stehen vor allem Bakterien, sie sind also CO_2-neutrale Nutztiere.

Es ist natürlich leichter, auf Hunde zu verzichten, wenn man sie ohnehin nicht mag. Und da gibt es ein paar berühmte Vorbilder: Der berühmteste deutsche Hundehasser war Goethe, der komischste Tucholsky. Wobei der eigentlich mehr ein Hundehalterhasser war. Es war vor allem das Verhältnis von blindem Gehorsam und Fügsamkeit zwischen Hund und Mensch, das den linken Haudegen abstieß. »Nein, ich hasse den Hund gar nicht«, schrieb er 1922 in *Der Hund als Untergebener*, »wohl aber eine bestimmte Gattung Mensch, die ihn behandelt wie ein Brigadekommandeur ...« Das kann man wiederum im Kontext dieser Zeit verstehen, wir befinden uns im preußischen Obrigkeitsstaat. Als Tucholsky 1927 sein »Traktat über den Hund sowie über Lärm und Geräusch« in der *Weltbühne* veröffentlichte, kam es zu Proteststürmen und zahlreichen Abonnementskündigungen, auch der *Völkische Beob-*

achter drosch auf ihn ein, berichtet Claus Lorenzen, der dem Hundehalterhass Tucholskys mit einem von Klaus Ensikat illustrierten Buch ein wunderschönes Denkmal gesetzt hat. Seinem Freund George Grosz schrieb Tucholsky: »Auf den Aufsatz, dessen Klamaukcharakter ich Ihnen ja nicht auseinanderzuverdefendieren brauchen tue, habe ich Briefe bekommen, deren Komik überhaupt nicht zu blasen sind.« In den harmlosesten Zuschriften hieß es, Hunde hätten völlig recht, ihn anzubellen.

»Im Hund hat sich der bäuerische Eigentumstrieb des Menschen selbständig gemacht«, heißt es in Tucholskys Traktat, »der Hund ist ein monomaner Kapitalist. Er bewacht das Eigentum, das er nicht verwerten kann, um des Eigentums willen ...«, Hundebesitzer, also Menschen, »die einen Hund anbinden oder einsperren, verdienen, ihrerseits angebunden zu werden«, die Hölle stellt sich Tucholsky so vor, »daß ich unter der Aufsicht eines preußischen Landgerichtsdirektors, der nachts von einem Reichswehrhauptmann abgelöst wird, in einem Kessel koche – vor dem sitzt einer und liest mir alte Leitartikel vor. Neben dieser Vorrichtung aber steht ein Hundezwinger, darin stehen, liegen, jaulen, brüllen, bellen und heulen zweiundvierzig Hunde. Ab und zu kommt Besuch aus dem Himmel und sieht mitleidig nach, ob ich noch da bin – das stärkt des frommen Besuchers Verdauung. Und die Hunde bellen ...!«

In der Literatur jener Zeit kommen Katzen sehr viel besser weg als Hunde. *Katzen*, die berühmte Sammlung von Essays und Erzählungen von Tucholskys

Zeitgenossen Axel Eggebrecht, ein Klassiker der 20er-Jahre-Literatur, feiert diese als Tiere, die sich zur Gemeinschaft mit dem Menschen nur herabgelassen hätten und dabei doch unabhängig und frei geblieben seien, »als letzte, göttliche Inkarnation der Morallosigkeit«. Aus klimapolitisch korrekter Sicht sind Katzen deutlich unbedenklicher als Hunde, nicht zuletzt auch deshalb, weil sie viel besser als Hunde für das Stadtleben adaptiert sind. Hunde in der Stadt, jedenfalls alles größer als ein Dackel (wenn ich den auch noch verbieten würde, dürfte ich mich in München nie mehr blicken lassen!), sind fast so absurd, wie mit einem Traktor nebst Anhänger durch München-Schwabing oder über die Große Bleichen in Hamburg zu fahren. Hunde gehören in ein Landhaus, müssen nass sein, ein bisschen stinken, am Eingang oder in einem Nebenraum auf alten Decken liegen, dort, wo die Gummistiefel aufbewahrt werden und auch der Schrank mit den Gewehren steht, und sie dürfen nicht beachtet werden. Verhätschelte Stadthunde sind hingegen Anzeichen einer verfallenden Kultur.

Außerdem stimmt etwas zivilisatorisch nicht, wenn wir einerseits Millionen Säugetiere verhätscheln, Milliarden für ihr Futter und Spielzeug und Accessoires ausgeben und andererseits Schweine, deren Verwandtschaft zu uns so nah ist, dass wir sie, wenn wir ihnen begegnen, eigentlich mit Namen begrüßen und umarmen sollten, in Schlachtfabriken halten. Man kann in vielen aufrüttelnden Büchern nachlesen, wie mit Tieren in der Massentierhaltung umgegangen wird. Puten zum Beispiel werden zu reinen Fleischbergen gezüchtet, können sich in ihren Käfigen nicht bewegen, sie existieren nur für die Größe ihrer Brustmuskel, auch die genetische Verengung ist, mit allen möglichen gesundheitlichen Folgen, in der Geflügelzucht extrem (90 Prozent aller Legehennen weltweit sind Züchtungen von zwei Konzernen). Die amerikanische Psychologin Melanie Joy schreibt in ihrem Buch *Warum wir Hunde lieben, Schweine essen und Kühe anziehen*: »Die Betriebe, die den Großteil des Fleisches produzieren, das auf unseren Tellern landet, sind im Wesentlichen unsichtbar. Wir sehen sie nicht. Wir sehen sie nicht, weil sie sich in abgelegenen Gegenden befinden, in die es kaum jemanden von uns verschlägt. Wir sehen sie nicht, weil wir auch dann nicht hineingelassen werden, wenn wir doch einmal vor der Tür stehen. Wir sehen sie nicht, weil ihre Lastwagen oft versiegelt und ohne Aufschrift unterwegs sind. Wir sehen sie nicht, weil wir sie nicht sehen sollen.« Jeder Deutsche isst jedes Jahr durchschnittlich 46 Schweine. Das kommt einem ungeheuer viel vor, und das liegt daran, dass Schweinefleisch geradezu unsichtbar in unserem Essen ist. Wenn man einen Fisch, sogar wenn man ein Hühnchen (neudeutsch Chicken oder Schicken) isst, kriegt man das irgendwie mit, die meisten Schweine verschwinden in ihrer Gestalt und enden in Speckwürfeln oder Wurstscheiben.

Mit eigenen Augen habe ich, erfreulicherweise, noch keinen Massenschlachtbetrieb gesehen. Aus Rheda-Wiedenbrück, wo ich manchmal Freunde besuche, habe ich aber die riesigen Fabrikhallen des deutschen Marktführers Tönnies vor Augen. An diesem Ort werden mehr als 16 Millionen Tiere jährlich geschlachtet, das bedeutet mehr als 40 000 Schlachtungen täglich, Sonn- und Feiertage eingerechnet. Dass das, was da geschieht, irgendwie kein gutes Licht auf uns wirft, ist jedem intuitiv klar. 200 000 Ferkel, die auf Lochblechen zusammengepfercht sind, die nie einen Strahl Sonne sehen, deren Leben ausschließlich dazu bestimmt ist, gemästet und geschlachtet zu werden, das ist von unfassbarer Grausamkeit.

Bei unseren schweinischen Mitgeschöpfen möchte ich kurz bleiben. Schweine sind »klug wie Delfine, zart und ausdauernd in der Liebe und sensibel genug, um es nicht mit jedem oder jeder zu treiben«, wie Cora Stephan in ihren *Memoiren einer Schweinezüchterin* zu berichten weiß, »sie sind verspielt und genusssüchtig, frech und anhänglich, gute Läufer, ausgezeichnete Schwimmer und wären des Menschen bester Freund, erschräke dieser nicht vor seiner Ähnlichkeit mit dem sprachgewandten Borstentier. Es wäre nicht das erste Mal, dass Ähnlichkeit zu erbitterter Feindschaft geführt hätte.« Von Schweinen ist auch bekannt, dass sie ihren jeweiligen Hirten an der Stimme erkennen, sich untereinander anhand komplexer Grunzgeräusche verständigen und Pläne zu schmieden in der Lage sind, zum Beispiel um gezielt einen Fortpflanzungspartner für ein Rendezvous zu treffen.

Als ich klein war, wohnten wir ein paar Jahre zur Miete bei Verwandten in ein paar Zimmern auf einem Wasserschloss in der Eifel. Meine Spielkameraden waren die Kinder eines Kleinbauern in der Nachbarschaft, der etwa ein Dutzend Schweine hielt. Ich spielte viel mit den Tieren, gab ihnen Namen, streichelte sie und war entsetzt, als ich eines Nachmittags aufkreuzte und die Hälfte von ihnen verschwunden war. Später bekam ich, von Weitem, auch eine Schlachtung mit, die Schreie der Viecher waren wirklich entsetzlich. Bruno, so hieß der Kleinbauer, schlug auch seine Kinder, und zwar heftig, also bin ich wahrscheinlich voreingenommen, weil ich von klein auf Schweineschlachten auch mit menschlicher Grausamkeit assoziiere, aber spätestens seit der Lektüre des Buchs *Schweine* meines Berliner Nachbarn Thomas Macho weiß ich, dass ich mit meiner Zuneigung für diese Tiere kulturhistorisch in guter Gesellschaft bin.

» Ich mag Schweine «, sagte zum Beispiel Churchill, » Hunde schauen zu uns auf, Katzen schauen auf uns herab. Schweine begegnen uns auf Augenhöhe. «

Macho erinnert daran, welch hohen Status Schweine in der Antike genossen: Es war das Quieken von Schweinen, das das Weinen des Zeus übertönte, sodass dieser als Säugling vor dem Zugriff seines Vaters Kronos geschützt wurde (bekanntlich hatte Kronos ja alle seine Kinder nach der Geburt verschluckt, außer eben Zeus), es war ein Schweinestall, den Odysseus bei seiner Landung in Ithaka als Erstes aufsuchte, die Wurzeln der römischen Sympathie mit den Schweinen lassen sich bis zur Gründungssage der Ewigen Stadt zurückverfolgen, in der ein Schweinehirt die zentrale Rolle spielt. Die Zwillinge Romulus und Remus werden auf dem Tiber ausgesetzt und von einer Wölfin genährt (O-Ton Plutarch: »Zu den hier liegenden Kindern kam nun eine Wölfin, um sie zu säugen; auch fand sich ein Specht ein, der ihnen Nahrung brachte und sie beschützte«, dieses Detail wird oft vernachlässigt). Ebenso vernachlässigt wird, wie Macho betont, die Tatsache, dass die Wölfin Romulus und Remus zwar nährte, sie aber von einem Schweinehirten namens Faustulus gefunden wurden, der sie seiner Frau als Amme anvertraute. Da bei den Lateinern *lupa* sowohl Wölfin als auch Hure heiße, könne man davon ausgehen, dass es kein Wolf, sondern Larentia war, die Frau des Schweinehirten Faustulus, eine Dirne, die die Kinder genährt und aufgezogen habe, dass die Geschichte von der Wölfin also nur ganz zart die Herkunft der römischen Gründungsväter verschleiere.

Den höchsten Stellenwert haben, berichtet Macho, Schweine in Asien. Zwar seien Schweine auch in China und auf manchen pazifischen Inseln getötet worden, aber wenn, dann höchstfeierlich, zum Beispiel um Vertragsabschlüsse oder Bündnisse zu besiegeln und oftmals auch als einzig zulässiger Ersatz für Menschenopfer. Sie galten jedenfalls nirgendwo in Asien als unrein, sondern im Gegenteil als Verkörperung des Glücks, der Fruchtbarkeit und des Reichtums. Macho erzählt von pazifischen Inseln, auf denen Schweine zwanglos zwischen Jägern und Sammlerinnen leben: »Nach der Geburt erhalten Ferkel feierlich einen Namen, die Frauen tragen sie – wie Babys – eng am Körper und lassen sie gelegentlich an ihren Brüsten saugen.« Er erzählt auch von den Feldforschungen des Anthropologen Irenäus Eibl-Eibesfeldt, der den Umgang mit Schweinen im zentralen Hochland Westneuguineas beim Stamm der Eipo beobachtete und filmte. In dem Film wird ausdrücklich darauf hingewiesen, dass der Stamm außerordentlich kriegerisch und heimtückisch im Umgang mit Feinden sei, wir haben es also nicht mit dem Klischee des edlen Wilden zu tun. Sein Umgang mit Schweinen aber ist herzallerliebst: »Wir können sehen, wie Schweine an der Leine geführt, im Arm getragen oder in Netzen herumgeschleppt werden, Kinder, Frauen und Männer spielen mit den Tieren. Am Abend betreten sie gemeinsam die Wohnhütte. Die Schweine sind immer dabei, die Stimmung wirkt friedlich.«

Eine ähnliche Schweineliebe gibt es aber auch in unserem Kulturraum. Macho zitiert Englands berühmten *gentleman farmer* Sir Walter Gilbey, Verfasser zahlreicher landwirtschaftlicher Bücher, der einmal eine intelligente Sau beobachtete, »die in einen Obstgarten rannte, zu einem jungen Apfelbaum, den sie schüttelte, während sie ihre Ohren spitzte, um zu hören, ob die Äpfel herunterfallen. Danach las sie die Äpfel auf, um sie zu fressen. Sobald sie fertig war, schüttelte sie den Baum noch einmal, horchte erneut, und wenn keine Äpfel mehr herunterfielen, ging sie fort.« Schweine, so Machos These, sind unsere Doppelgänger, sie haben Gefühle, sind neugierig und überaus lernfähig. Eine meiner liebsten Passagen über Schweine ist ein Zitat aus einer jener einschlägigen Websites zur Haltung von »Mini-Pigs«, die eine Weile in Mode waren: »Minischweine sind mit keinem anderen Haustier zu vergleichen! Zwar sind sie kapriziös und verschmust wie Katzen, aber keine Einzelgänger. Sie brauchen sehr viel Streicheleinheiten und Ansprache. Sie sind intelligenter als Hunde, aber niemals unterwürfig und viel schwerer zu erziehen. Rufen Sie Ihren Hund, wird er in den meisten Fällen sofort kommen. Minischweine kommen gelegentlich darauf zurück. Sie haben viel Charakter und behalten immer ihren Eigensinn und ihre Persönlichkeit. «

Seit ich das weiß, meide ich Schweinefleisch. Zu Hilfe kommt mir da, dass es für meine absolute Lieblingsspeise, sowohl den Bayerischen als auch den nah verwandten Schweizer Wurstsalat, inzwischen eine vegetarische Alternative der Firma Rügenwalder Mühle gibt, die erstaunlicherweise, weil so mager, fast besser schmeckt als jener Cervelat, der zum Beispiel in Zürichs Kronenhalle serviert wird, wenn man deren – angeblich weltweit besten – Wurstsalat bestellt.

Die mit Abstand wirksamste Maßnahme, die jeder Einzelne gegen den Klimawandel ergreifen kann, ist laut dem Schriftsteller Jonathan Safran Foer die Änderung des Speiseplans. Auf Fleisch ganz zu verzichten ist schwer. Vielleicht können wir uns darauf einigen, es einfach wie früher zu handhaben: wenig Fleisch und wenn, dann hauptsächlich Wild. Mit viel Preiselbeeren und Rotkraut. Und auch das nur sonntags. Wildtiere haben wenigstens etwas vom Leben, bevor wir sie erlegen. Hühner, Puten, Rinder, Kälber, Schweine haben in der Regel nicht so ein Schwein.

9 Sport

Bewegung? Natürlich!

Ich weiß nicht immer, wovon ich rede.
Aber ich weiß, dass ich recht habe.
Muhammad Ali

Wer konsequent CO_2-Ausstoß sparen will, muss morgens im Bett bleiben. Jede unnötige Bewegung ist zu vermeiden, Joggen oder ähnliche sportliche Betätigungen verbieten sich ganz. Man müsste dann auch grundsätzlich den Aufzug nehmen, statt Treppen zu steigen, denn es werden etwa viermal mehr Energie verbraucht (und damit CO_2-Emissionen erzeugt), um unseren Körper in Schuss zu halten, als einen Aufzug zu betreiben. Jedes Mal, wenn wir den Lift nehmen statt der Treppe, jedes Mal, wenn wir Elektroroller fahren, statt zu Fuß zu gehen, betreiben wir also paradoxerweise aktiven Klimaschutz. Je weniger man sich bewegt, desto klimaneutraler lebt man. Ideal aus Klimaschutzperspektive wäre es daher, wenn Sie möglichst gar nichts unternehmen, möglichst flach atmen, sich nur einmal täglich eine dünne, lauwarme Gemüsebrühe genehmigen und ansonsten einfach den ganzen Tag still liegen bleiben würden. Wenn Sie sich für diesen Lebensweg entscheiden, verhalten Sie sich umweltmäßig vorbildlich.

Und der Rest von uns? Wie verhalten *wir* uns? Wir, die durchaus Interesse am Umweltschutz haben, zugleich aber Anspruch auf ein halbwegs angenehmes Leben erheben. Welche Sportarten kann man heute noch betreiben, welche noch als Zuschauer verfolgen, ohne ein schlechtes Gewissen zu haben oder von den Propheten der Apokalypse als Klimakiller gebrandmarkt zu werden?

Die meisten Sportarten, die einst als elegant galten, sind inzwischen ökologisch nicht mehr verantwortbar. Angefangen vom Autorennen über das ressourcenverschlingende Hochsee-Yachting bis hin zum Skisport, der ganze Regionen verwüstet hat und dank der steigenden Schneefallgrenze auch immer schwieriger wird (Heliskiing wird ja in Zeiten wie diesen niemand mehr ernsthaft als Alternative bezeichnen), sind viele ehemals völlig akzeptable Sportarten inzwischen diskreditiert. Die Tonnage an billigen Kohlenhydraten zwängt dazu die Massen in Fitnessstudios, wo man auf Laufbändern das Laufen in der Natur simuliert, was die Entfremdung des modernen Menschen, seine Entwicklung zum naturfernen, geradezu abiologischen Wesen weiter beschleunigt. Wie sehr wir uns bereits mit der Maschinerie der Moderne und dem von ihr vorgegebenen Takt abgefunden haben, zeigt die Art, wie wir Sport treiben – nicht mehr für den seelischen Ausgleich, sondern im Sinne der Selbstoptimierung effizient und dank Smart-Armband und Messgeräten auch möglichst mess- und in Grafiken darstellbar.

Aktiven Widerstand gegen unsere Entfremdung von der Natur leistet man also am besten mit Sportarten, die nicht nur ressourcenschonend sind, sprich ohne große Materialschlacht auskommen, sondern sich möglichst nah in die Natur einfügen, mit dieser im Idealfall sogar ein symbiotisches Verhältnis eingehen. Natursportarten wie das simple Joggen im Wald, das Bergsteigen oder auch das gute alte Wandern, im Winter Langlauf, im Sommer das Segeln, Rudern, Kanu- oder Kajakfahren sind, mit Rücksicht betrieben, zum Beispiel Sportarten mit vorzeigbarer Ökobilanz. Sport in der freien Natur kann allerdings auch zerstörerischer sein als stumpfes Laufbandlaufen im klimatisierten Fitnessklub. Wenn man als Natursportler in Lebensräume von Wildtieren eindringt, zum Beispiel in der Brut- und Aufzuchtzeit, wenn man in der Morgen- oder Abenddämmerung die Nahrungsaufnahme von Tieren stört, wenn man auf seltenen Pflanzen herumtrampelt, wird man schnell als Naturfreak unwissentlich zum Umweltzerstörer. Zu vermeiden ist das einfach, indem man sich vor dem Gang in die Natur über die jeweilige Landschaft und die dort geltenden Vorschriften zum Schutz von Biotopen und Tier- und Pflanzenarten informiert. Grundsätzlich gilt immer, sich rücksichtsvoll in der Natur zu verhalten, möglichst wenige Geräusche zu verursachen und Abstand zu Tieren und gefährdeten Pflanzen zu halten. Skifahren, besonders im Tiefschnee, aber auch das unter Naturburschen so beliebte alpine Mountainbiking fallen zum Beispiel flach.

Eine Sportart, mit der man ganz offensichtlich wenig Schaden anrichtet, ist Yoga. Dennoch kann ich wenig damit anfangen. Ich habe keinerlei weltanschauliche Bedenken gegen das Yoga, ich verstehe auch wenig davon, mir geht das »Namaste«-Getue drum herum nur ein wenig auf die Nerven, und außerdem stört mich, dass es beim Yoga anscheinend ständig darum geht, mit sich selbst im Einklang zu sein, diese Selbstzentriertheit scheint maßgeschneidert für den modernen Menschen, für den sich alles um sich selbst dreht, hat aber dadurch etwas Weltabgewandtes und Egozentrisches.

Anders der Pferdesport. Diesem muss in der Aufzählung ökologisch verträglicher Sportarten eine besondere Position zukommen. Der Pferdesport ist vielleicht der einzige Sport, bei dem es nicht spießig ist, eine gewisse Besessenheit an den Tag zu legen. Menschen, die zu Hippomanie neigen, sind meist auch ausgesprochen naturverbunden, haben einen Hang zu Frugalität, sind meist eher unkompliziert und ein wenig durchgeknallt und daher in den meisten Fällen höchst sympathisch. Ich habe einmal ein ganzes Abendessen neben der notorisch bissigen Prinzessin Anne überlebt, weil ich mich darauf besonnen habe, mit ihr nur über equestrische Themen zu plaudern. Ihr muss im Laufe des Gesprächs aufgefallen sein, dass ich keine Ahnung hatte, wovon ich sprach, da ich mir aber Mühe gab, immer im richtigen Moment zu nicken und interessierte Gesichtsausdrücke an den Tag zu legen, ließ sie mich gewähren und verschlang mich nicht, wie sie es sonst mit in Pferdedingen ahnungslosen Menschen zu tun pflegt, schon vor der Hauptspeise.

Was hebt den Pferdesport – in puncto Eleganz und Ökologie – so meilenweit über alle anderen Sportarten empor? Das hat philosophische Gründe. Es gibt keine Sportart, die derart auf die Symbiose mit einem anderen Naturgeschöpf angewiesen ist. Die simple Formel des Reitsports lautet: Je größer die Symbiose mit dem Tier, desto größer die Reitkunst. Diese Formel gilt unverändert seit den Zeiten Xenophons, eines Zeitgenossen Alexander des Großen, der um 390 v. Chr. der Erste war, der in seinem Werk *Peri Hippikes* Theorien über Reitkunst formulierte, die bis heute studiert werden können. Xenophon unterhielt die erste bekannte Reitschule der Weltgeschichte, sein zentrales Anliegen war die Einheit zwischen Mensch und Tier. Die Sicht, dass das Verhältnis zwischen Reiter und Pferd das von Herrscher und Beherrschtem sein müsse, lehnte er ausdrücklich ab. Er studierte (ähnlich dem berühmten Pferdeflüsterer unserer Tage, Monty Roberts) das natürliche Verhalten der Pferde, versuchte, sich im Umgang mit ihnen in deren Verhaltensmuster einzupassen, und predigte ein Training, in dem Geduld, Zuneigung und Verständnis für natürliche Eigenarten von Pferden, etwa der Schreckhaftigkeit, vorherrschten. Seine Schüler ritten damals übrigens noch ohne Steigbügel – sie wurden erst etwa 1000 Jahre später erfunden – und ohne Sattel.

Trotz Alexander des Großen, dessen Pferd Bukephalos ja fast so berühmt ist wie er selbst, und trotz eines Xenophon, gingen die Griechen nicht als große Reiter in die Geschichte ein. Als solche galten eher die Perser, die Arsakiden des Partherreiches, die Skythen und später die Araber. Vor allem Letztere sind eher für die rauen Erziehungsmethoden ihrer Pferde berüchtigt. An Grausamkeit, der Ansicht, dass es bei der Reitkunst vor allem darum geht, den Willen des großen und starken Tieres zu brechen, orientierte sich auch die europäische Reittradition des 15. und 16. Jahrhunderts, für die Rückbesinnung auf die Lehren Xenophons machte sich im 17. Jahrhundert dann besonders William Cavendish, der erste Herzog von Newcastle, verdient. Er legte das Fundament jener fast romantischen Beziehung der Engländer zu ihren Pferden. Cavendishs Schrift *A General System of Horsemanship* aus dem Jahr 1658 hat unter Pferdetrainern auf der Insel bis heute Grundgesetz-Charakter und ist stark an die Lehre von Xenophon angelehnt.

Es entbehrt nicht einer gewissen Ironie, dass ausgerechnet die Fuchsjagd, jene von Englands Landbevölkerung über Jahrhunderte betriebene Sportart, die, was die Symbiose mit der Natur anbetrifft, weitergeht als jede andere, inzwischen verboten ist. Mehr Symbiose geht eigentlich nicht, schließlich tun sich für die Fuchsjagd, bei uns Parforcejagd genannt, drei Naturgeschöpfe – Menschen, Pferde und Hunde – zusammen, um ein viertes Naturgeschöpf, den Fuchs, aufzuspüren. Ein geradezu archaisches und auch in seiner Grausamkeit leider unheimlich naturnahes Schauspiel. Eine erbittert geführte und mit klassenkämpferischen Untertönen betriebene Kampagne der englischen Großstadtbevölkerung führte dazu, dass Tony Blair 2005 als britischer Premierminister das Verbot der Fuchsjagd durchzusetzen vermochte. Der Konflikt, der beim Streit um die Fuchsjagd aufbrach, kann rückblickend als eine der ersten Frontlinien zwischen der metropolitisch-fortschrittlichen Stadt und der aus ihrer Sicht rückständigen Landbevölkerung verstanden werden, ein Konflikt, der sich später noch verschärfen sollte. Er wurde zum mitentscheidenden Faktor bei der Entfremdung zwischen Stadt und Land und spielte auch bei der Volksabstimmung zum Brexit eine Rolle. Natürlich ist die Fuchsjagd grausam (ich schreibe »ist« statt »war«, weil sie auf geradezu anarchistische Weise in manchen ländlichen Gegenden Englands vereinzelt weiterhin betrieben wird!), nur hat der Fuchs, so er denn bei einer sich manchmal bis zu zehn Stunden bis zur völligen Erschöpfung von Reitern und Pferden hinziehenden Fuchsjagd tatsächlich aufgespürt wird, bis zu diesem – zugegeben blutigen – Moment in der Regel ein deutlich artgerechteres Leben hinter sich als jene Tiere, deren Fleisch Großstädter beim Einkauf im Biosupermarkt als unbedenklich empfinden. Grausam sind Fuchsjagden übrigens nicht nur für den zu Tode gehetzten Fuchs, sondern vor allem auch für die beteiligten Reiter. Keine Fuchsjagd, angefangen von der kleinsten Bauernjagd bis hinauf zur Beaufort Hunt, hat je stattgefunden, ohne dass Reiter sich verletzt haben. Zwei Fähigkeiten, sagt Tom Coombs, jahrelang Kommandant des britischen Kavallerie-Regiments der Royal Horse Guards und einst Master der legendären Atherstone Hunt, sind für Reiter bei einer Fuchsjagd entscheidend: ein Auge für die Landschaft, also die

Fähigkeit, die Bodenbeschaffenheit, die Hindernisse und mögliche Risiken in der freien Natur antizipieren zu können, und eine Portion Draufgängertum, die über Mut und sogar Waghalsigkeit hinausgeht. Für die (legale) *drag hunt*, die entlang festgelegter Routen verläuft, bei der ein Reiter mit einem symbolischen Fuchsschwanz vorausreitet, bei der kein Wild gejagt wird und die also eigentlich mehr ein gemeinsames Ausreiten im Gelände ist, muss man gut reiten und ein durchgehendes Pferd unter Kontrolle kriegen können. Eine echte Parforcejagd aber verlangt dem Reiter geradezu olympisches Können ab. Zum Beispiel die Fähigkeit, bis zu zehn Stunden auf dem Rücken eines Pferdes auszuhalten und dabei ständig mit unvorhersehbaren Gefahren umgehen zu müssen. Bei einer Parforcejagd gilt es, bei zum Teil atemberaubender Geschwindigkeit Hecken, Zäune, Gräben und andere Hindernisse zu überspringen, die nie zum Überspringen vorgesehen waren und für Pferd und Reiter völlig unbekannte Gefahren darstellen. Das überlebt man nicht, wenn nicht beide, Pferd und Reiter, waghalsig sind und der Reiter nicht die Fähigkeit besitzt, das Pferd mit seinem Mut anzustecken. »Ein ängstlicher Reiter«, so Coombs, »wird sein Pferd mit seiner Zaghaftigkeit infizieren, es wird ihm durchgehen und ihn, bei Hindernissen, die ihm zu hoch vorkommen, abschmeißen.« Ich bin schon oft und leidenschaftlich auf dem Rücken eines Pferdes über offene Landschaften gepresst. Bei einer echten Parforcejagd mitgemacht habe ich noch nie. Ich würde sie garantiert nicht überleben. Aber ich habe mir sagen lassen, dass es kaum ein intensiveres Naturerlebnis gibt, als auf dem Rücken eines Pferdes, umgeben von einer rasenden Hundemeute, im Vollgalopp querfeldein zu preschen.

In einem der Klassiker snobistischer Literatur, dem *Book of Snobs* des Herzogs von Bedford, der Mitte der 1960er-Jahre, seine Klasse verratend, etliche Geheimcodes der oberen Zehntausend preisgab, leistet der Verfasser sich die Exzentrik, als Gegner der Fuchsjagd aufzutreten. In diesem Buch schildert er, um die Verblüffung seiner Artgenossen zu illustrieren, eine Szene aus seinem Londoner Klub. Er steht an der Bar. Ein Herr gesellt sich dazu und fragt unschuldig: » Und wo jagen Sie? « Der Herzog: » Ich jage nicht. « Betretene Pause. Der Herr stotternd: » Natürlich, verstehe, es ist ja nicht so, dass Sie gar nicht an Fuchsjagden teilnehmen. « – » Doch, doch. Sie haben ganz recht verstanden, ich jage gar nicht. « Der Herr grübelt: » Aber warum? « – » Weil ich «, der Herzog betont, bei der Schilderung der Situation einen Small-Talk-Ton aufrechterhalten zu haben, » das Töten von Tieren nicht genieße. « Er fügt an, dass das besonders für zu Tode gehetzte Füchse gelte und dass, wenn die Füchse eine faire Chance hätten, er nichts gegen deren Jagd einzuwenden hätte. Nach einer Weile fragt ihn der Herr: » Verzeihen Sie, ich glaube, ich habe Ihren Namen vorhin überhört. « – » Ich glaube, ich habe ihn nicht erwähnt «, antwortet der Herzog, ahnend, dass der Herr ihn verdächtigt, kein Mitglied des Herrenclubs zu sein und hier nur von jemandem mitgenommen worden zu sein. »Und wo leben Sie?«, fügt der Herr hinzu, eine Trickfrage, um herauszufinden, ob er einen Städter vor sich hat. Der Herzog: »Ich lebe auf dem Land und halte mich mit Landwirtschaft über Wasser.« Der Herzog schildert genüsslich die tiefe Verwirrung, in die er den armen Mann stürzte. Ein Mitglied des Klubs? Und er jagt nicht? Wer kann das sein? Später beobachtet der Herzog, wie sich der verunsicherte Mann mit einem anderen Klubmitglied flüsternd unterhält und sich sein Gesichtsausdruck danach sichtbar entspannt. Ach, der da. *The Duke of Bedford.* Das schwarze Schaf unter Englands Peers. Dann ist ja alles in Ordnung.

In Deutschland gibt es weder Parforce- noch echte *Drag*-Jagden, allenfalls folkloristische Imitationen, was auch damit zu tun hat, dass unsere landwirtschaftlichen Flächen viel zu sauber arrondiert sind, es – im Gegensatz zu England – hier kaum noch Wildnis und zu viele asphaltierte Wege gibt. Pferdehufe hassen Asphalt. Aber es gibt eine große Reitsportszene, zigtausend Reitvereine, sogar solche, die gern zivilisationsverwahrloste Städter aufnehmen. Jedem, der noch nie – oder schon lange nicht mehr – auf einem Pferd gesessen hat, muss ein Vortasten in diese Sphären, fast egal, welches Alter man hat, eigentlich dringend empfohlen werden. Und wer partout nicht reiten will, sollte wenigstens die Nähe zu Pferden suchen, vielleicht indem er seine Kinder in diese Richtung stupst. Die Nähe zu Pferden ist therapeutisch und lehrt einen mehr über die Natur als jede Minute im Fitnessstudio vor einem flimmernden Bildschirm. Um es mit Winston Churchill zu sagen:

» Keine Stunde im Leben, die man im Sattel verbringt, ist verloren. « Das gilt sogar, wenn man gar nicht in den Sattel steigt, sondern für jede Stunde, die man auch nur in Gesellschaft dieser wunderbaren Geschöpfe verbringt.

Apropos Churchill. Ich finde Koketterie mit Bewegungsarmut, zum Beispiel Sprüche wie » No sports! «, nicht überzeugend. Churchill wurde dieses Wort übrigens nur angedichtet. Die Legende besagt ja, dies sei Antwort auf die Frage gewesen, wie er als Genussmensch und Whisky-Liebhaber so alt geworden sei. Es ist aber nirgendwo belegt, dass er das je gesagt hat. Belegt ist hingegen, dass er in seiner Jugend ein begeisterter Fechter und Reiter war und dass er auch noch im relativ gesetzten Alter von 50 an *steeplechases*, also sehr anspruchsvollen Galopprennen mit Hindernissen, teilnahm.

Bewegung in sein Leben zu integrieren hat auch etwas mit Ästhetik zu tun. Der Megasnob Tyler Brûlé, eine Art postmoderne, urbane Version des Herzogs von Bedford, empfiehlt übrigens jedem, dem das möglich ist, jeden Tag mit einer Runde Schwimmen in einem See oder im Meer zu beginnen. Er empfiehlt auch, viermal die Woche 40 Minuten zu joggen (zu seinen Favoriten gehören übrigens der Regent's Park in London, die Gärten des Kaiserpalasts in Tokio und die Route in Sydney entlang des Circular Quay). Ich schließe mich dem an, möchte aber eine Lanze für weniger exotische Laufrouten brechen (den Teufelsberg im Berliner Westend, in München die Isarauen, in Frankfurt den entzückenden Grüneburgpark).

Die Faustregel lautet, dass man sich bewegen sollte, aber man, außer es sind Pferde im Spiel, nicht zu viel Aufhebens darum machen sollte. Allzu ausgeprägte Sportbegeisterung, also wenn sportliche Betätigung ein zentraler Baustein im Leben des Betroffenen ist, kippt immer leicht ins Obsessive und Spießige, weil sie fast immer mit allzu ausgeprägter Beschäftigung mit dem eigenen Körper einhergeht. Und diese Menschen sind meist bis unter die Zähne ausgerüstet mit Funktionskleidung, die häufig aus Plastik besteht.

Überspitzt gesagt, wenn jemand ein Gespräch mit der Aussage einleitet: »Ich beginne jeden Tag mit ein paar Yoga-Übungen«, weiß man zumeist, dass es vermutlich danach nicht interessant weitergeht. Sagt jemand hingegen: »Ich beginne jeden Tag mit einem kleinen Ausritt!«, verspricht es ein zumindest abwechslungsreiches Gespräch zu werden.

10 Frische Luft

Schampus für alle

I only feel tired or seedy
when I have been indoors a lot.
Robert Baden-Powell

Bei dem Wort Frischluft muss ich sofort an Sylt denken. An lange Strandspaziergänge, bei denen man derart durchgeblasen wird, dass man danach mit brennendem Gesicht nach Hause kommt und beim ersten Schluck vom wohlverdienten Grog noch das Salz der Meerluft auf den Lippen schmeckt. Ich muss an den einzigen Sylter Eingeborenen denken, den ich kenne, Andreas Odenwald, eine Journalistenlegende, lange Chefredakteur des *Playboy*, und dessen Geschichte von der Koks-Party in Kampen, die ihn 500 D-Mark reicher machte.

Bevor ich Andys Geschichte erzähle, sind aber ein paar grundsätzliche Feststellungen zum Thema Frischluft fällig. Luft ist ein freies Gut. Die Definition freier Güter im *Gabler Wirtschaftslexikon* lautet: » Güter, die überall und mit der gewünschten Qualität in hinreichendem Umfang vorhanden sind, um die Bedürfnisse aller Individuen zu befriedigen. « Das Problem ist, dass dieses freie Gut nicht überall mit der gewünschten Qualität in hinreichendem Umfang vorhanden ist. Es ist ja ein gewaltiger Unterschied, ob man sich in Stuttgart am Neckartor oder in Sylt am Weststrand aufhält. Dabei gibt es eigentlich ein Recht auf frische Luft für jeden Menschen. So wenig, wie Sie mir Ihren Müll einfach in den Vorgarten kippen dürfen, sollten auch einfach Dinge in die Luft gepustet werden, die dann via Mund und Nase an einem viel intimeren Ort als meinem (nicht vorhandenen) Vorgarten landen, dem Innersten meines Körpers nämlich. Daher finde ich es fantastisch, dass wir in Zeiten leben, in denen ganze Länder – zuletzt ist das Bulgarien, Polen, Frankreich, Großbritannien und Deutschland geschehen – von der EU-Kommission vor dem Europäischen Gerichtshof verklagt werden können und hohe Geldstrafen berappen müssen, weil sie ihre Luftreinhaltungswerte nicht einhalten.

Theoretisch könnte der EuGH sogar den Regierungschef eines Landes, das hartnäckig und dauerhaft die Grenzwerte überschreitet, in Beugehaft nehmen. Eine reizvolle Vorstellung. Dass so etwas aber überhaupt möglich ist, ist ein Zeichen dafür, wie gewaltig sich die Zeiten verändert haben und welche Fortschritte wir beim Thema Luftreinhaltung und Luftverbesserung inzwischen gemacht haben. Mit der gleichen Selbstverständlichkeit, mit der man früher Schwefelsäure und andere Chemikalien einfach ins Meer pumpte, weil man der Ansicht war, das werde sich schon verdünnen, blies man früher alles sorglos in die Luft, in dem Glauben, dass man nur die Schornsteine hoch genug bauen muss, damit sich das da oben hübsch verteilt. Aber die Sorge um reinere Luft hat dann deutlich früher begonnen als die Umsicht mit Flüssen und Meeren, Luftreinhaltung war das erste Umweltschutzthema überhaupt, dem man sich ernsthaft angenommen hat.

Ein Knackpunkt war 1952 die Smog-Krise in London, als etwa 12 000 Menschen an den Folgen extremer Luftverschmutzung starben. Der Smog in den Tagen zwischen jenem 5. und 9. Dezember 1952 war so stark, dass alle, die sich im Freien aufhielten, binnen Minuten mit schwarzem Staub bedeckt waren. Die Sicht muss so schlecht gewesen sein, dass sich die Leute an Wänden entlangtasten mussten, um ihren Weg zu finden. In den Krankenhäusern herrschten chaotische Bedingungen, nicht nur, weil das Gemisch aus Rauch und Nebel in die Gebäude gezogen war und man auch drinnen nicht mehr von Wand zu Wand sehen konnte, die Notaufnahmen waren zudem von Menschen mit akuten Erstickungsanfällen belagert. Als man später Bilanz zog, stellte man fest, dass sich die Zahl der Todesfälle in den vier Tagen nahezu verdreifacht hatte. Besonders Kleinkinder, Kranke und Alte waren die Opfer. Die Folge dieser Katastrophe war 1956 ein Gesetz für Frischluft, der *Clean Air Act*, durch den unter anderem die Zahl der offenen Kamine drastisch reduziert wurde. Nach einem weiteren schlimmen Smog-Alarm im Jahre 1962 wurde der *Clean Air Act* noch mal verschärft. Andere europäische Länder folgten. Seitdem geht es mit unserer Luftqualität stetig bergauf. In Deutschland prüfen seit

1968 Behörden systematisch die Luftqualität, seit 1974 gibt es verbindliche Grenzwerte für Luftschadstoffkonzentrationen, seit 1999 gelten in ganz Europa strenge Grenzwerte. Verbindlich und einklagbar.

Um einen Eindruck davon zu bekommen, wie sehr sich die Lage verbessert hat, lohnt ein Blick in diejenigen Industrieregionen, die früher hinter dem Eisernen Vorhang lagen. Im sächsischen Industrierevier um Bitterfeld kannte man zum Beispiel noch vor 30 Jahren grauen Schnee, die Lausitz, die zu DDR-Zeiten die Region mit den schlimmsten Umweltschäden war, ist heute im Vergleich dazu ein regelrechtes Naturparadies, die ehemalige Grube Berzdorf bei Görlitz, einst der größte Tagebau der DDR, ist heute ein See und dient als Naherholungsgebiet. Auch unsere Autos werden immer sauberer. Mit einem Neuwagen aus den 1990er-Jahren, mit dem man damals – dank der technischen Neuerung Katalysator – als vorbildlich galt, wird man heute wegen der Errichtung von Umweltzonen gar nicht mehr in die Innenstädte gelassen. Das ganze Land ist inzwischen mit Messeinrichtungen überzogen, die alles einsaugen und messen, was durch unsere Luft fliegt, und die Daten per Funk an die Behörden melden und – wenn gewisse Werte überschritten werden – Alarm auslösen. Werden die Grenzwerte an mehr als 35 Tagen im Jahr überschritten, liegt ein Gesetzesbruch vor.

Nicht alles wird also schlimmer. Selbst die Deutsche Gesellschaft für Pneumologie und Beatmungsmedizin (DGP), die 2018 gemeinsam mit den Berliner Charité-Kliniken und dem Münchner Helmholtz Zentrum ein Positionspapier zum Heiße-Eisen-Thema Feinstaub veröffentlichte und weitere drastische Maßnahmen fordert, räumt in dem Papier ein: »Die Luftqualität in Deutschland hat sich insgesamt seit Beginn der Messprogramme 1968 und weiterhin seit der Wiedervereinigung 1990 deutlich gebessert. (...) Die Emissionen von PM10-Feinstaub sanken von 0,30 Millionen Tonnen im Jahr 1995 auf 0,20 Millionen Tonnen im Jahr 2016 (−38 %). Die PM2.5-Emissionen sanken von 0,20 Millionen Tonnen im Jahr 1995 auf 0,10 Millionen Tonnen im Jahr 2016 (−48,7 %).«

PM10? PM2.5?

Wir atmen allerlei Dinge ein, von denen wir (außer man ist Allergiker) wenig Ahnung haben. Abgesehen von natürlichen Dingen wie Pollen und Sporen, Bakterien und Gasen, gibt es Schadstoffe, die Beachtung verdienen, weil ihre Konzentration in der Luft einen erheblichen Einfluss darauf hat, wie wir uns fühlen und wie es um uns gesundheitlich steht. Wir atmen jeden Tag 10 000 bis 20 000 Liter Luft ein und aus, eine Menge, mit der man einen Heißluftballon füllen könnte, da ist man kein Bleistiftspitzer, wenn man sich für Qualität interessiert, es käme ja auch kein vernünftiger Mensch auf die Idee, 10 000 Flaschen Champagner zu trinken, ohne auf die Qualität zu achten. Zu den Dingen, die man, um ein möglichst ungetrübtes Atemvergnügen zu haben, möglichst wenig einatmen möchte, zählen folgende Schadstoffe:

Da sind die uns spätestens seit Beginn der Industrialisierung umgebenden Kohlenstoffpartikel, im Volksmund schlicht Ruß genannt. Kohlenstoff (Elemental Carbon, EC) gelangt in die Luft, wenn kohlenstoffhaltige Substanzen (Dieselkraftstoff, Heizöl, Holz, Kohle) verbrannt werden. Kohlenstoffpartikel klumpen gern zusammen, und manchmal sind sie so groß, dass man sie fast mit bloßem Auge sehen kann.

Unsichtbar fürs bloße Auge sind die sogenannten Stickoxide (NO_x) und Schwefeldioxid (SO_2). Das sind Gase, die bei Verbrennungsprozessen bei hohen Temperaturen entstehen. Das X bei NO_x steht für diverse Abarten dieses Gases wie Stickstoffmonoxid (NO) und Stickstoffdioxid (NO_2). Die Hauptquellen von Stickstoffoxiden sind Verbrennungsmotoren und Feuerungsanlagen für Kohle, Öl, Gas, Holz und Abfälle.

Wichtig zu erwähnen ist noch das Ozon (O_3), das älteren Lesern aus jenen Zeiten geläufig sein sollte, als ständig vom Ozonloch die Rede war. Ozon ist ein Gas, das hoch oben, kurz bevor das Weltall beginnt, in der Stratosphäre eine wichtige Rolle hat, nämlich die Erde vor der schädlichen Ultraviolettstrahlung der Sonne zu schützen, das aber niemand in Bodennähe haben will, weil es giftig ist. Dank der Ozonloch-Panik, die zur Folge hatte, dass jeder, der mit einer Spraydose gesehen wurde, vom Mob durch die Straßen gejagt wurde, und dank auch damals eilig ergriffener Maßnahmen, mit denen Fluorchlorkohlenwasserstoffe (FCKW) freisetzende Produkte und Geräte ausgemerzt wurden, hat man das mit dem Ozon in unseren Breiten inzwischen ganz gut in den Griff bekommen.

Am weitaus gefährlichsten ist aber der sogenannte Feinstaub. Als Feinstaub bezeichnet man Partikel, die, wie der Name schon nahelegt, sehr, sehr klein sind. Sie werden in μm, Mikrometern, also millionstel Metern gemessen. Als PM10 bezeichnet man Partikel, deren Durchmesser kleiner als 10 μm (Mikrometer) ist. In der Welt des Feinstaubs ist PM10 relativ groß, regelrechte Brummer, so groß, dass sie in angelsächsischen Ländern schon nicht mehr als Feinstaub, sondern als hundsordinärer Staub gelten. Dennoch sind selbst diese Partikelchen zehnmal kleiner als der Durchmesser eines menschlichen Haares. Feinstaub ist so klein und leicht, dass er sehr reiseaktiv ist und Hunderte Kilometer unterwegs sein kann, bevor er – zum Beispiel in unserer Lunge, oder, noch schlimmer, in Organen wie Herz, Leber oder in unseren Gefäßen – zur Ruhe kommt. Die noch feineren Teilchen, deren Durchmesser weniger als 2,5 μm beträgt, bezeichnet man als Feinstaub der Kategorie PM2.5. Meist besteht Feinstaub aus einem Mischmasch verschiedenster chemischer Substanzen, zum Beispiel Metallen (wie Arsen, Blei, Cadmium, Nickel) und diversen Kohlenstoffverbindungen.

Verursacht wird Feinstaub durch Straßenverkehr, Industrie, Energiewirtschaft, Landwirtschaft, durch private Haushalte (hier vor allem durch Öfen und Kamine). Feinstaub gerät aber auch durch die Natur in die Luft, zum Beispiel durch Bodenerosion und Vulkanausbrüche. Wo und in welcher Konzentration dieser Feinstaub vorkommt, ist von so vielen komplexen Faktoren, darunter Windverhältnisse und Wetter, abhängig, dass sich manche Wissenschaftler darüber beklagen, dass der Kampf gegen das Auto beim Thema Feinstaub zu sehr im Vordergrund steht. Es gibt etliche Statistiken, die belegen, dass mancherorts zum Beispiel Fahrbeschränkungen, Umweltzonen und Ähnliches kaum einen Unterschied hinsichtlich der Feinstaubbelastungen gemacht haben. Allerdings ist der Autoverkehr leichter zu regeln als das Wetter, insofern ist es schon verständlich, dass Lokalpolitiker bei hohen Feinstaubbelastungen zuallererst auf den Verkehr schauen, der immerhin als gewichtiger Faktor feststeht – und zwar nicht nur durch die Verbrennungsmotoren, sondern durch Reifen- und Bremsenabrieb sowie die Abermilliarden Partikel, die durch das Fahren über die Straße aufgewirbelt werden.

Nach dem Skandal um die Manipulation von Abgaswerten in der Autoindustrie wurde das Thema Feinstaub eine Weile von einem anderen Thema verdrängt. Plötzlich redeten alle vor allem über die bösen Stickoxide. Als dann Feinstaub im Frühjahr 2019 wieder in den Fokus geriet, schadete das der sachlichen Auseinandersetzung mit dem Thema eher, weil das wiedererwachte öffentliche Interesse von einer Studie ausgelöst wurde, die zwar vom seriösen Max-Planck-Institut für Chemie an der Universität Mainz stammte, aber von wohlmeinenden Mitarbeitern dort mit derart übertriebenen Kernbotschaften verbreitet wurde, dass ihr Anliegen ins Gegenteil verkehrt wurde und alle, die Wörter wie » Feinstaub « und » Stickoxide « nur erwähnten, plötzlich als Hysteriker galten.

Die Studie aus Mainz, die in der Fachzeitschrift *European Heart Journal* veröffentlicht wurde, sprach von 8,8 Millionen » vorzeitigen Todesfällen « weltweit, einer der Mitverfasser der Studie sagte in Interviews Sätze wie: » Das bedeutet, dass durch Luftverschmutzung mehr Menschen sterben als durchs Rauchen. « An Folgen des Rauchens, so die Weltgesundheitsorganisation, sterben nämlich weltweit jährlich angeblich 7,2 Millionen Menschen. Die Folge waren Schlagzeilen wie » Mehr Tote durch Abgase als durch Rauchen «, was wiederum dazu führte, dass sich alle halbwegs ernsthaften Wissenschaftler von der Studie distanzierten. Die Methodik wurde kritisiert (die Studie basierte nicht auf exakten Daten, sondern auf Hochrechnungen), und es wurde infrage gestellt, dass Aussagen über die » Anzahl vorzeitiger Todesfälle « überhaupt getroffen werden können. Die Wissenschaftler des Max-Planck-Instituts hatten es gut gemeint – aber sie hatten die Botschaft derart übergeigt, dass die Reaktionen in den Medien verheerend waren und man auf den üblichen Foren, auf Twitter und Facebook, dann halbschlaue Kommentare finden konnte wie: » Was steht auf dem Totenschein? Verstorben an Feinstaub u. Dieselabgasen? LOL! « Allerdings tauchen Currywurst, American Cheesecake und Bewegungsfaulheit ebenfalls in keiner Todesstatistik auf, dennoch wäre es albern, zu leugnen, dass Übergewicht und Bewegungsmangel das Leben verkürzen.

Sachlichkeit kam erst wieder in die Debatte, als die Leopoldina, Deutschlands Nationale Akademie der Wissenschaften, eine Arbeitsgruppe führender Experten aus Medizin, Toxikologie, Biologie, Chemie, Technik- und Atmosphärenwissenschaften, Statistik, Verkehrsforschung und Materialwissenschaften zusammenführte, die sich dem Thema widmete und zu dem Ergebnis kam, dass das Starren auf reine Abgase, also Stickstoffoxide, eine Folge des VW-Skandals, fehlgeleitet sei und dass es, trotz fantastischer Fortschritte in der Luftreinhaltung, nun dringend geboten sei, sich auf die Erforschung und Bekämpfung des Feinstaubs zu konzentrieren, weil von ihm die größte Gefahr ausgehe.

Was Feinstaub so tückisch macht? » Diese Partikel sind so klein «, sagt der bekannte Pneumologe Michael Barczok vom Lungenzentrum Ulm, » dass die normalen Filter des Körpers, wie wir sie beispielsweise in der Nase und auch den tieferen Atemwegen besitzen, um Schadstoffe zurückzuhalten, einfach durchschlagen werden. Auch die Wand der Lungenbläschen hält Feinstaub nicht auf, diese hauchdünne Membran wird ganz einfach durchdrungen, so gelangen die Feinstaubteilchen in die Blutgefäße, die dahinterliegen, um Sauerstoff aufzunehmen und Kohlendioxid abzugeben. Mit dem Blut werden die Partikel dann als blinde Passagiere in den Kreislauf gebracht, bis sie irgendwo an der Wand eines Blutgefäßes hängen bleiben, dort langsam eine Entzündung verursachen, um die herum sich Cholesterinkristalle lagern. Schön langsam wird die Strombahn immer weiter eingeengt. « Noch vor einigen Jahren, sagt Barczok, sei dieser Mechanismus unbekannt gewesen, man habe sich nur gewundert, warum in

Smog-Monaten in großen Städten die Zahl der Todesfälle durch Schlaganfälle oder Herzinfarkte plötzlich nach oben schnelle, inzwischen sei der Zusammenhang zwischen Feinstaub und Herz-Kreislauf-Erkrankungen immer besser erforscht.

Noch schlimmer als der Feinstaub ist der sogenannte Ultrafeinstaub (UFS). Er hat einen Durchmesser von weniger als 0,1 μm. Wenn man guten altmodischen Dreck wie Ruß in der Luft hat, sagt Barczok, dann verringert sich lustigerweise der Feinstaub, weil der sich mit den größeren Partikeln zu Klumpen verbindet. »Unser Filtersystem, das wir in der Nase und in den Bronchien haben«, sagt der prominente Pneumologe, »kann mit diesem großen Dreck ganz gut umgehen. Früher ist man, wenn man im Steinbruch oder im Kohlebergbau gearbeitet hat, abends nach Hause gekommen, hat ordentlich gehustet und sich die Nase geschnäuzt und wurde damit ordentlich schwarzen Rotz los, der Körper hat eben ein wunderbares System, solchen Dreck aufzufangen und wieder loszuwerden. Der ultrafeine Feinstaub allerdings ist so klein, dass er diese Filter alle überwindet und wie ein Meteoritenschauer bis in die Lungenbläschen reinknallt und dann erst zur Ruhe kommt, wenn er sich irgendwo in unseren Organen abgelagert hat.«

Ultrafeinstaub steht im Verdacht, mitverantwortlich für einen Großteil unserer Zivilisationskrankheiten zu sein, von den erwähnten Herz- und Gefäßerkrankungen über Krebs und Demenz bis natürlich zu schweren Lungenerkrankungen wie COPD und Lungenkrebs.

Was es für unsere Gesundheit bedeutet, wenn sich unser Körper ständig gegen das Eindringen von Stoffen wie Arsen, Blei und Cadmium wehren muss, ist noch nicht ausreichend erforscht, Einigkeit besteht allerdings darin, dass wir, die wir Feinstaub ausgesetzt sind, fortwährend mit einer Art Alarmzustand im Körper zu kämpfen haben, mit unzähligen kleinen Infektionen, mit denen sich der Körper gegen die Eindringlinge zu wehren versucht.

Gibt es Lösungen? Die Feinstaubexposition, wie es im Fachchinesisch heißt, stellt ein »nicht vollständig vermeidbares Umweltrisiko« dar. Das ist einleuchtend, weil man schlechter Luft, wenn man wie ich an einer viel befahrenen Straße wohnt, ja nicht so einfach entfliehen kann. Es liegt also vor allem am Staat oder an der Stadtregierung, dafür zu sorgen, dass wir weiter Fortschritte bei der Luftreinhaltung machen. Schön wäre natürlich auch, wenn man, zumindest als ergänzende Maßnahme, innovative Wege wie schadstofffilternde Hausfassaden und schadstofffilterndes Stadtmobiliar konsequenter fördern würde. Man hat zum Beispiel herausgefunden, dass Moos die Eigenschaft hat, Schadstoffe aus der Luft zu filtern. Könnten sich Staat oder Kommunen nicht zum Beispiel, wenn sie selbst als Bauherren auftreten, dazu verpflichten, dort, wo es möglich ist, Häuserfassaden mit Moos zu versehen? Und Bauvorhaben, bei denen schadstofffilternde Materialien zum Einsatz kommen, fördern? In Berlin gibt es die Firma Green City Solutions, die Stadtmobiliar wie Bushaltestellen herstellt, das die Umgebungsluft ansaugt und durch einen Filter jagt, sogenannte »City Trees«, vier Meter hohe, vertikale Pflanzenwände aus Moos, die CO_2, Stickoxide und Feinstaub filtern. »City Trees« stehen mittlerweile in mehr als 50 Ländern der Welt, unter anderem in Singapur. Warum nicht in Stuttgart und München?

Individuelle Maßnahmen zur »Expositionsminderung« sind überschaubar. Wer zum Beispiel an Straßen statt im Wald joggt, ist schlicht bescheuert. Sehr hilfreich sind Apps wie »Air Visual«, bei denen man den Ort, an dem man sich aufhält, eingeben kann, präzise Informationen über die zurzeit herrschende Schadstoffbelastung erhält, verbunden mit Empfehlungen, wann sportliche Betätigung im Freien ratsam ist oder wann man seine Wohnung lüften und wann man die Fenster lieber verschließen sollte. In China hat die Regierung die Benutzung dieser App übrigens streng verboten.

* * *

Das Beste wäre natürlich, man zöge in den Bayerischen Wald, an die Atlantikküste oder auf eine Insel in der Nordsee. Aber das ist nun einmal nicht allen möglich, und wenn es möglich wäre, würde es dort sehr eng werden. Womit wir endlich wieder auf Sylt sind. Und bei der lange versprochenen Geschichte von Andreas Odenwald und der Koks-Party in Kampen.

Die Geschichte, wie Andreas sie mir erzählt hat, hat leider nichts mit Umweltschutz zu tun, ist aber dafür geeignet, den Leser für all die vorangegangenen Details der Luftreinhaltungsthematik zu entschädigen. Die Geschichte geht so:

Vor einigen Jahren war Andreas in Kampen bei einem Abendessen eines österreichischen Schmuck-fabrikanten-Ehepaars eingeladen. Gegen drei Uhr begann die Stimmung abzusacken. Einer der Gäste nestelte schließlich in seinen Taschen herum und schüttete feierlich eine größere Menge weißen Pulvers auf den vorher penibel von Krümeln und Bierpfützen gereinigten Glastisch. Er teilte das Pulver in feine Linien, holte einen 500-Mark-Schein aus seiner Brieftasche, rollte ihn zu einem Röhrchen, das von Gast zu Gast weitergereicht wurde. Nachdem die Runde um war, entrollte der Gastgeber das Röhrchen, hielt den 500er hoch und sprach: » Wer jetzt die beste Geschichte erzählt, der kriegt den Schein. « Der Erste, der das Wort ergriff, verzettelte sich mit einer umständlichen Geschichte über eine Safari in Afrika, bei der er um Haaresbreite von einem Löwen gefressen worden wäre. Mäßiger Beifall. Der Nächste steuerte ein erotisches Abenteuer bei, das ebenfalls nur eine schwache Resonanz beim Publikum zeitigte. Dann kam eine junge Frau an die Reihe, die eine quälend lange Geschichte von einem Abenteuerurlaub in Indien zum Besten gab. Schließlich war Andreas an der Reihe.

Die Geschichte, die er zu erzählen habe, hob er an, habe er zum ersten Mal hier ganz in der Nähe gehört. Es war ein Schulausflug in der dritten Klasse. Die Klasse marschierte von List über Dünen und durch Täler, rauf und runter, kreuz und quer über die Heide, der

Deutschlehrer, Herr Thies, ging mit großen Schritten vorweg. Irgendwann blieben die Ersten zurück, vertrödelten sich, fingen an zu jammern: »Herr Thies, geht's nicht büschen langsamer?« Herr Thies blieb stehen, wartete, bis alle aufgeschlossen hatten, und sagte: »Stellt euch man nicht so an, diese paar Kilometer zum Weststrand, das ist doch gar nichts. Da gab es mal einen, der ist über 1000 Kilometer gelaufen, um nach Sylt zu seiner Liebsten zu kommen.« – »Wer war das denn?« Alle witterten eine spannende Geschichte und damit eine willkommene Unterbrechung des Fußmarsches. 35 Kinder bildeten einen Halbkreis um den Lehrer und hörten fasziniert die Geschichte des Deutsch-Dänischen Krieges von 1864. »Hier, wo wir gerade sitzen, und überall auf der Insel tobten heftige Kämpfe.«

Der Lehrer erzählte, wie Preußen und Österreich sich zusammengetan hatten, um dem Königreich Dänemark das Herzogtum Schleswig, zu dem Sylt gehörte, abzuknöpfen. Die Dänen verhängten einen Belagerungszustand, ließen die Rädelsführer auf der Insel festnehmen und nach Kopenhagen ins Gefängnis bringen. Aber es nützte nichts: Am 13. Juli führte der Sylter Kapitän Andreas Andersen einen rettenden Trupp österreichischer Soldaten aus der Steiermark nach Sylt und besiegte die Dänen, die Herzogtümer Schleswig und Holstein – bis dahin dänische Enklaven – waren nun Teil des Deutschen Bundes. Mehrere österreichische Soldaten wurden zu Sylter Ehrenbürgern ernannt. Und jetzt kommt's: Der österreichische Infanteriesoldat Wenzel Wohner hatte auf Sylt seine Liebe zu einer blonden Friesin entdeckt. Als er wieder zu Hause war, packte ihn eine derartige Sehnsucht nach dem Mädchen aus Sylt, dass er sich zu Fuß über 1200 Kilometer aufmachte, um es wiederzusehen. Zwei Monate war er unterwegs, bis er seine Liebste erschöpft, aber glücklich in die Arme nahm. Er gründete eine Familie mit ihr und wurde Sylter Beamter. »Der Österreicher ist also unser Freund«, so Herr Thies zum Abschluss seiner improvisierten Geschichtsstunde. Dasselbe Fazit zog Andreas in Kampen auf der Koks-Party. Keiner der versammelten Österreicher hatte jemals von diesem historischen Verdienst ihres Landes gehört, geschweige denn von Wenzel Wohner.

Die vier, fünf Partygäste, die noch nicht dran gewesen waren, verzichteten weise auf einen eigenen Beitrag. Per Akklamation wurde Andreas zum Sieger des Wettbewerbs erklärt und bekam vom Gastgeber feierlich den Geldschein überreicht. Man ließ ihn hochleben und erklärte ihn zum Ehren-Österreicher.

Die Moral von der G'schicht? Keine. Außer vielleicht diese: Wenn Sie sich nach frischer Luft sehnen, fahren Sie nach Sylt, machen Sie lange Spaziergänge, und atmen Sie tief durch. Statt NO_x und $PM10$ kommt dann Salz und Jod in Ihre Lungen, und das tut unfassbar gut. Und halten Sie sich von Benzoylecgoninmethylester, vulgo Koks, fern. Das führt unter anderem zu massiver Gefäßverengung, was Durchblutung und Sauerstoffversorgung stört. Da hat man dann gar nichts mehr von der frischen Luft.

Letzte Dinge

In den Vatikanischen Gärten konnte man im Herbst 2019 einer – für römische Augen – ungewohnten Zeremonie beiwohnen. Ein Eichenbaum wurde gepflanzt. Eine barfüßige und leicht beschürzte Frau aus dem Amazonasgebiet brachte feierlich eine Schale Erde, kippte den Inhalt an den Baum, berührte die Erde mit der Stirn und streichelte sie, dazu murmelten mit Federn geschmückte Indiomänner andächtig Gesänge. Auch die katholische Kirche passt sich der Zeit an. Die Kirche war immer geschickt darin, sich des Zeitgeistes zu bedienen. Deshalb hat sie so lange überlebt. Die Kirche des Mittelalters ließ sich vom Militarismus der Monarchien, die Kirche der frühen Neuzeit vom Merkantilismus des aufstrebenden Bürgertums anstecken. Im 19. Jahrhundert lief man der Aufklärung hinterher, im frühen 20. Jahrhundert war man nicht immun gegen den Virus des Rassismus und im späten 20. Jahrhundert nicht gegen postmoderne Beliebigkeit. Nun ist der Kult der Natur angesagt.

Ich hätte dieses Buch nicht geschrieben, wenn nicht auch mir meine Umwelt wichtig wäre. Die Frage ist nur, welchen Stellenwert der Naturschutz einnimmt. Gehört er, um mit Dietrich Bonhoeffer (oder Luther?) zu sprechen, zu den letzten oder den vorletzten Dingen?

Das Argument, dass die grüne Bewegung eine Art neue Zivilreligion ist, wird oft verwendet, um sie zu diffamieren. Slavoj Žižek zum Beispiel bezeichnet grünes Denken als »Opium für die Massen, das die schwindende Religion ersetzt, das die fundamentale Funktion der alten Religion übernimmt und mit der Prophetin Greta im Bündnis mit Klimaforschern eine unhinterfragbare Autorität installiert hat«. Da ich persönlich kein Feind irgendeiner Form von Religiosität bin, läuft für mich die intendierte Kritik ins Leere, zumal eine Neoreligion, die dem modernen Individualismus schmeichelt und die sich noch dazu, eine ziemliche Neuheit, auf eine Allianz zwischen Wissenschaft und Glauben beruft, einem fast Respekt abringen müsste.

Viel interessanter finde ich die Frage, ob ökologisches Verantwortungsbewusstsein, sogar wenn es religiöse Züge annimmt, nicht nachvollziehbare Wurzeln hat. Ist es denn wirklich verwunderlich, wenn die Natur religiöse Gefühle weckt?

Ich bin ohnehin davon überzeugt, dass jeder Mensch irgendetwas anbetet. Anhand des englischen Wortes für Anbetung, *worship,* kann man das gut darlegen. Es setzt sich aus den Wörtern *worth*, Wert, und *ship* zusammen, was sich ursprünglich aus *relationship*, Beziehung, ableitet. Die Frage ist also, wen oder was man *worshipped*, wem oder was man einen derart hohen Wert zumisst, dass man es geradezu anzubeten bereit ist. Für Ökologisten ist die Natur, die Gesundheit des Planeten, das allerhöchste Gut. Ihre Gottheit.

Es gibt nun einmal keine Atheisten, sagt Chesterton,

nur Menschen, die sich nicht bewusst sind, woran sie glauben. Offenbar gehört – daran können auch Aufklärung und Glaubensskepsis nichts ändern – eine Veranlagung zu religiösem Empfinden zu unserem Wesen. Es scheint ein Bedürfnis zu geben, an etwas wirklich Bedeutendem teilzuhaben, an etwas Großes glauben zu können. Die Wahrnehmung der Welt als eine, die kurz vor der ultimativen Klimakatastrophe steht, verspricht einer säkularisierten Gesellschaft ganz offensichtlich Sinn und Inhalt.

Aus jüdisch-christlicher Warte betrachtet, kann man die Verwandtschaft und Anknüpfungspunkte zur grünen Religion sogar leicht nachvollziehen. Die tief in uns schlummernde Ahnung, dass der Mensch bereits durch das bloße Menschsein schuldig wird, taucht in fast allen großen, archetypischen Geschichten unserer Kultur auf. Warum versteckt sich Adam vor Gott? Weil er weiß, dass er was auf dem Kerbholz hat. Und warum erfährt in Kafkas *Prozess* der Angeklagte Josef K. nie den Anlass seiner Anklage? Weil er *schlechthin* schuldig ist. Als Larry David in » Curb Your Enthusiasm « dafür beschimpft wird, dass er eine Melodie von Wagner pfeift, » das ist unser typisch-jüdischer Selbsthass «, antwortet er aus tiefster Überzeugung sehr plausibel: » Selbstverständlich hasse ich mich selbst! Aber doch nicht, weil ich Jude bin! « Das Wissen um die eigenen Abgründe und Unzulänglichkeiten muss nicht notwendigerweise in Selbsthass kippen, aber die tiefe Ahnung der eigenen Schuldhaftigkeit gehört doch zu den Bedingungen des Menschseins. Die Ahnung, dass jedes

186

menschliche Handeln auf Kosten von etwas geschieht, lässt sich nicht wegdrücken. »Ich bin Leben, das leben will, inmitten von Leben, das leben will«, sagte Albert Schweitzer. Diesen Lebenskampf übt schon das Kind gegen die Mutter: »Unbekümmert landest du durch den Schleier ihrer Schmerzen«, heißt es bei der Dichterin Maria Eschbach. »Leben heißt verzehren, meint naturhafte Durchsetzung, zäh, unbewusst, unausweichlich, unwillentlich. Es gibt keine Ausnahme vom Gesetz, andere leiden zu machen, fremde Lebenskraft unbefragt zu nehmen«, sagt meine (zeitgenössische) Lieblingsphilosophin Hanna-Barbara Gerl-Falkovitz.

Es gibt also durchaus so etwas wie eine unbewusste Verwandtschaft zwischen der Neo-Religion Ökologismus und den traditionellen biblischen Religionen. Aus Sicht des Christentums muss bei der Gelegenheit übrigens mit gebotener Strenge auch darauf hingewiesen werden, dass die Achtung der Natur in der Bibel, insbesondere im Alten Testament, ziemlich großgeschrieben wird. Vielleicht hat der Erfolg der Neo-Religion Ökologismus sogar damit zu tun, dass dies in Juden- und Christentum vielfach vergessen worden ist. Die Innenwände des ursprünglichen Tempels in Jerusalems waren jedenfalls über und über mit Pflanzen- und Tiersymbolen bemalt, womit deutlich zum Ausdruck gebracht wurde, dass der hier seine Brandopfer darbringende Mensch Hand in Hand mit der gesamten Schöpfung, gemeinsam mit jedem Grashalm, jedem Tropfen Wasser, jedem Windhauch und mitsamt jedem Tier, vom Wurm bis zum Adler, gleichsam als brüderliche Mitgeschöpfe, Gott anbetet. Und älter noch als der berühmte Sonnengesang des Ur-Ökos Franz von Assisi ist der geheimnisvolle »Lobgesang der Drei Jünglinge«, die vom grausamen babylonischen König Nebukadnezar in den Feuerofen geworfen wurden, weil sie sich weigerten, ihren Glauben zu verraten. Die Geschichte geht so, dass sie dort, umgeben von lodernden Flammen, ein Lied sangen, das eine zentrale Rolle in der christlichen Verkündigung einnimmt, was daran abzulesen ist, dass es in katholischen Kirchen immer in der Osternacht, und zwar unmittelbar nach der Weihe des Taufwassers, in voller Länge verlesen wird. Dieses unfassbar poetische Lied umfänglich zu zitieren, wäre schön, würde aber an dieser Stelle zu weit führen. Hier nur eine besonders hübsche Passage: »Jubelt dem Herrn, all ihr Geschöpfe Gottes / lobet und preiset Ihn ewiglich (...) Jubelt dem Herrn, ihr Berge und Hügel / alles, was grünet auf Erden / jubelt dem Herrn / Jubelt dem Herrn, ihr Quellen / ihr Meere und Ströme / jubelt dem Herrn / Jubelt dem Herrn, ihr großen Tiere des Meeres und alles, was im Wasser sich regt / alle Vögel des Himmels, jubelt dem Herrn / Jubelt dem Herrn, ihr Tiere, zahm und wild / ihr Menschenkinder, jubelt dem Herrn ...« Man beachte die Reihenfolge! Die Geschichte geht übrigens gut aus, Schadrach, Meschach und Abed-Nego werden von einem Engel gerettet und der grausame Nebukadnezar ist ziemlich beeindruckt davon.

Wenn der Ökologismus eine Pseudomorphose der jüdisch-christlichen Religion ist, erklärt sich auch des-

sen Humorlosigkeit und die mit der neuen Umweltbewegung neu erwachende autoritär-pietistische Mentalität. Zu den Paradoxien des grünen Erwachens
unserer Tage gehört, dass es, obwohl es aus einer radikalen Protestbewegung hervorgegangen ist, also eigentlich ursprünglich ultra-libertäre Ursprünge hat, immer
auch eine totalitäre Seite hatte. Klassische Politik, zu
deren Wesen bekanntlich das Bohren dicker Bretter gehört, war nie das Ding der Grünen, das politische All-
tagsgeschäft mit seiner Neigung zu Kompromissen ist
grünem Denken fremd. Peter Unfried, Ur-Kreuzberger,
grüner Denker der ersten Stunde und Chef der Intel-
lektuellen-Beilage der *taz*, formuliert es so: » Die Idee
war auch nicht, Kompromisse mit Andersdenkenden
oder Anderslebenden zu erreichen. Die Idee war, dass
die anderen einsehen werden, falschzuliegen, wenn man
es ihnen nur oft und streng genug sagt und die Utopie
dann Realität wird. «

Die Grünen werden gern als Antithese zu auto-
ritären Rechtspopulisten gefeiert, » doch wer glaubt,
den Schlüssel zur Rettung der Menschheit zu kennen,
ist gegen antidemokratische Anwandlungen nicht ge-
feit «, so der Schweizer Historiker Lucien Scherrer,
deshalb ist auch die Geschichte der Grünen reich an
Figuren, die sich aus Verachtung für die westliche Kon-
sumwelt oder im Namen einer höheren Moral gehörig
verhedderten: » Die deutsche Schriftstellerin Luise
Rinser etwa, 1984 grüne Kandidatin für das Amt des
Bundespräsidenten, erblickte das künftige ökosozia-
listische Paradies ausgerechnet in Nordkorea. « Denn,

so vertraute sie in einem von Scherrer zitierten Eintrag ihrem Reisetagebuch an: »Die im Luxus leben, werden aggressiv und pervers und bringen sich gegenseitig um. Die anderen leben normal und lang und gesund.«

In den Gründungsjahren der Grünen gehörte auch der damals frisch an die Macht gekommene Muammar al-Gaddafi zu deren Verbündeten, jener Gewaltherrscher Libyens, der in seinem Staatsbudget einen eigenen Posten zur Förderung des internationalen Terrorismus unterhielt und unter anderem persönlich Anweisung zu einem Anschlag auf eine Berliner Diskothek und den Abschuss einer Passagiermaschine der Pan-Am über Schottland gab. Gaddafi, Verfasser auch eines Buches mit dem Titel *Das Grüne Buch*, in dem er seine »Universaltheorie« darlegte, eine Alternative zu Kapitalismus und Kommunismus, versuchte in den 1980er-Jahren, Grüne aus Deutschland, der Schweiz und Österreich für eine »Grüne Internationale« zu gewinnen. Eine 20-köpfige Delegation reiste damals nach Tripolis, darunter auch der grüne Spitzenpolitiker Otto Schily.

Selbst der deutsche Grünen-Chef Robert Habeck, der zur Zeit der Drucklegung dieses Buches so populär ist, dass sogar Unterwäsche mit seinem Konterfei oder Parfüm, das nach ihm riecht, eine Marktchance hätten, sagte einmal in einem unvorsichtigen Moment (es war ein spätabendliches, fast vertrautes philosophisches Gespräch mit Richard David Precht in dessen Fernsehsendung), dass, wenn wir den Wandel nicht demokratisch hinkriegen, es letztlich wohl auf das Modell China hinauslaufen muss, wo die Dinge dann »zentral«

geregelt werden. Wenn es eines Tages einen grün ge-
färbten »Notstandsstaat« geben sollte, rechtfertigt der
zum Ökotaliban konvertierte Bernd Ulrich in seinem
Buch *Alles wird anders* diesen totalitären Autoritäts-
anspruch, dann sind wir selbst schuld, weil dann »die
Klimakrise so dramatisch geworden ist, dass sie nicht
mehr anders unter Kontrolle gebracht werden kann«.

Tatsächlich wird, wenn wir jetzt wirklich Ernst machen mit der Klimaschutzpolitik, ein revolutionärer
Umbau unserer Wirtschaft, unserer Gesellschaft, unseres Lebens notwendig sein. Ob sich viel davon demokratisch umsetzen lassen wird, wenn ökologische Anliegen plötzlich richtig teuer fürs Wahlvolk werden?
Wie viel unserer individuellen Freiheit sind wir bereit,
für das höhere Gut – die Rettung der Welt – preis-
zugeben? Wie sehr dürfen wir »notfalls« an den Prinzipien der freiheitlichen Demokratie sägen? Und wer
darf eigentlich bestimmen, wann ein Notfall eintritt?
In den 1960er-Jahren haben die Studenten gegen Not-
standsgesetze demonstriert. Heute wird der Notstand
gefordert. Es gilt dabei zweierlei zu bedenken; erstens:
Je größer ein Notstand ist, desto stärker werden wohl
auch die Eingriffe in die Freiheitsrechte der Menschen
sein. Und zweitens: Es hat auch schon totalitäre Regie-
rungen gegeben, die Notstände konstruiert haben, um
ihren Bürgern Menschenrechte zu entziehen, denn, wie
es so schön heißt: »Not kennt kein Gebot.« Wer ums
Überleben kämpft, der darf alles, und wenn Panik aus-
bricht, wird man auch gerne mal totgetrampelt. Ein
Freund von mir, Franziskus von Heeremann, der an

der Philosophisch-Theologischen Hochschule Vallendar lehrt, sagte mir neulich: »Wer meint, es bräuchte eine Expertendiktatur für die Zeit der Krise, dem sei gesagt, dass wenn die Demokratie erst einmal geschliffen ist, die dann Herrschenden immer eine Krise finden werden, der es zu wehren gilt.«

Wenn wir uns also einig sind, dass wir so nicht weitermachen können, dass unser Energieverbrauch, unser Müll, unser Konsum, unsere Verpestung der Meere und Flüsse zu viel sind, dass wir den Tanker wenden müssen, um auch nachfolgenden Generationen ein menschenwürdiges Leben zu ermöglichen, müssen wir, bevor wir alles grundsätzlich infrage und auf den Kopf stellen, bevor wir »umdenken«, wie es so schön heißt, uns sehr genau überlegen, wie wir das hinbekommen, ohne vieles, was uns zu Recht heilig ist – unsere Freiheit, unser Recht auf Selbstbestimmung, unser Mitspracherecht –, aufzugeben. Die Frage ist auch, darauf weist zum Beispiel der evangelische Theologe Ralf Frisch hin, wie das geschehen kann, ohne den sozialen und inneren Frieden so zu gefährden, dass am Ende an die Stelle der Erderwärmung soziale Kälte tritt und eine andere Klimakatastrophe eintritt, nämlich die Katastrophe der sozialen Abkühlung und die Entwicklung hin zu »einer Gesellschaft, deren privilegiertere Mitglieder es sich leisten können, aus ihren Immobilien im Herzen Münchens, Hamburgs oder Düsseldorfs mit dem Fahrrad zum Biobäcker zu fahren und ihren Porsche Cayenne nur gelegentlich zu Repräsentationszwecken für die Spritztour zum Kinderspielplatz aus der Garage zu holen, während die weniger privilegierten Mitglieder dieser Gesellschaft, für die eine Wohnung in den Metropolen schlicht unbezahlbar ist, ihren Arbeitsplatz zu verlieren drohen«.

Die Arroganz, mit der die gut verdienende Großstadt-Bourgeoisie auf den weniger gut ausgebildeten, weniger klimaneutral handelnden plebejischen Teil der Bevölkerung hinabblickt, ist vielleicht bereits ein Symptom aufkommender sozialer Kälte. Gut verdienende Akademiker können sich nun einmal mehr grünes Gewissen leisten. Ich hörte einmal einen Abfallexperten im Radio sagen, er könne anhand des Hausabfalls sagen, in welche Einkommensklasse die Hausbewohner fielen. Wohlhabendere kaufen mehr frische Sachen ein, es ist der Hausmüll armer Menschen, der voller Verpackungen ist.

Gleichzeitig sind es aber auch die grün wählenden, elitär-urbanen Schichten, die viel eher zu Doppelmoral verleitet sind und betreiben, was Psychologen *self-licensing* nennen, »moralische Selbst-Billigung«. Man wählt grün, kauft nur fair gehandelte Produkte aus dem Biomarkt, rechtfertigt sich damit aber dann den Flug zum Skiurlaub nach Frankreich. Die Statistik, dass Wähler der Grünen mit Abstand am meisten fliegen, ist unfair, weil Grünen-Wähler nun einmal überdurchschnittlich gebildet sind und damit häufig auch in Positionen, durch die sie überdurchschnittlich viel verdienen und in denen sie beruflich viel fliegen müssen, und dennoch verbirgt sich da – um Al Gore zu zitieren – eine unbequeme Wahrheit.

Es gibt zum Thema *self-licensing* faszinierende Studien. Zum Beispiel weiß man, dass Wähler grüner und linker Parteien tendenziell weniger für wohltätige Zwecke spenden, weil sie durch das richtige Kreuz auf dem Wahlzettel vermutlich annehmen, ihren Beitrag zur Gesellschaft bereits geleistet zu haben, ähnlich wie der grün wählende Vielflieger sich vielleicht sagt: »Ich darf das ja, ich wähle ja grün.« Laut einem Aufsatz in der Fachzeitschrift *Journal of Experimental Social Psychology* führt moralische Selbst-Billigung fast automatisch dazu, die eigenen Wertvorstellungen im Alltag zu unterlaufen. Ihr Kreuz auf dem Wahlzettel für einen schwarzen Präsidenten sahen weiße Testpersonen zum Beispiel unbewusst als Lizenz an, um am Arbeitsplatz Schwarze eher zu benachteiligen.

Eine Politik, die Ökologie als Leitmotiv anerkennt, birgt allerdings auch eine gigantische Chance: die Überwindung der alten Grabenkämpfe zwischen rechts und links. Wenn es die ökologische Bewegung verhindern kann, von der postmodernen Linken gekapert und in totalitäre Experimente verstrickt zu werden, könnten dort, wo gestern noch Mauern standen, befriedete Biotope entstehen. Konservative und Grüne verbindet mehr, als beide Seiten bisweilen wahrhaben wollen. Beiden ist zum Beispiel maßloser Verbrauch und Übertechnisierung unheimlich. Eigentlich ist der Unterschied eher subtil. Links angehauchte Grüne haben einen Hang zum Volkserzieherischen, zum Kollektiv, sie haben immer die große Politik im Sinn, vergeben sich daher auch eher persönliche Abweichungen vom

Ideal, solange nur das sogenannte große Ganze stimmt. Konservative scheuen alles Kollektivistische, neigen dazu, eher die individuelle Verantwortung in den Vordergrund zu stellen, zum Beispiel indem man bewusst, etwa durch Maßhalten, als Vorbild agiert.

Die Gemeinsamkeiten zwischen grünem und konservativem Denken waren in den Anfangsjahren der deutschen Grünen ja auch an Persönlichkeiten wie Herbert Gruhl festzumachen. Die Spannbreite der Partei reichte traditionell von Gruhl, der eher aus der Tradition des Konservatismus, des Heimatschutzes und des Regionalismus kam, über die anarchistischen Elemente der Hamburger und Berliner Hausbesetzerszene bis hin zum sozialistischen, an einen starken Staat glaubenden Rudolf Bahro, der aber sehr wohl wusste, dass sich der auf weitverbreiteten Wohlstand und Wachstum ausgerichtete Sozialismus, zumal wenn er sich mit der Marktwirtschaft einlässt, mit dem grünen Gedanken eigentlich nicht vereinbar ist. Warum? Weil die Ökologie im Kern das Ende der Fortschrittsideologie markiert, wie einer der Vordenker der französischen Rechten, der Philosoph Alain de Benoist, sagt. Ökologie, so Benoist, gehöre zu den wenigen Strömungen, welche die marktwirtschaftliche Ideologie frontal anzugreifen wagten und das produktivistische Ideal des neuzeitlichen Kapitalismus zu untergraben versuchten. Die Ökologie überbrücke die alte Kluft zwischen rechts und links, so Benoist: »Sie richtet sich an ›Wertkonservatismus‹ wie am Erhalt der Umwelt aus, lehnt den liberalen Raubtierkapitalismus ebenso ab wie den marxistischen ›Prometheusglauben‹

und ist doch in ihrer Reichweite wie in ihren Intentionen revolutionär. «

Natürlich muss ich bekunden, dass ich in keiner der oben angesprochenen Fragen Experte bin. Ich hatte eingangs ausdrücklich darauf hingewiesen, dass meine Autorität nur in Fragen der Sockenfarbe unangefochten ist, doch Experten ist ohnehin zu misstrauen. Ein Experte ist jemand, der das Denken eingestellt hat, weil er schon alles zu wissen glaubt, sagte Frank Lloyd Wright. Man muss im Übrigen kein Experte sein, nicht einmal ein übermäßiger Naturliebhaber, um festzustellen, dass da draußen Veränderungen im Gange sind, die nicht ganz geheuer sind. Es ist auch kein Expertenblick notwendig, um festzustellen, dass wir alle langsam damit anfangen sollten, uns am Riemen zu reißen und endlich umzudenken. Man muss auch kein Experte sein, um mit gewissem Unbehagen zu sehen, dass die Menschen jener Weltgebiete, die in den vergangenen Jahrzehnten nicht mit Wohlstand gesegnet waren, genau die konsumorientierte Lebensweise, die wir gerade zu überwinden trachten, ziemlich attraktiv finden.

Meine Hoffnung war, mit diesem Buch wenigstens Wege aufzuzeigen, wie man in ökologischen Fragen mehr *Achtsamkeit* an den Tag legen kann (ja, ich habe das Wort bewusst gewählt, gerade weil es an die Kursangebote auf dem Schwarzen Brett im Biomarkt erinnert). Zu dieser Achtsamkeit gehört, dass man nicht nur Müll trennt, sondern sich über ein paar grundsätzliche Fragen klar wird, aber auch, dass man sich den

Auswirkungen der eigenen Handlungen bewusst wird und sich bei seinen vorgeblich klimaschützenden Entscheidungen möglichst nicht so viel in die eigene Tasche lügt.

Man muss im Idealfall dahin kommen, dass einem ressourcenbewusstes Handeln nicht als Gängelung oder Einschränkung erscheint, man es stattdessen als Rezept zu höherem Genuss erkennt. Ökologie hat schließlich auch eine ästhetische Komponente. Verschleuderung, Ausbeutung, Exzess sind immer hässlich, wohingegen zur Schönheit immer das Maß gehört. Ökologie hat ein Faible für das Überschaubare, das Urige, das Gewachsene, für Vielfalt, allein deshalb ist sie ästhetisch.

Hier noch ein Geheimnis: Menschliches Unglück – ob in der Habgier, im übermäßigen Konsum oder in der Sucht – tritt immer in der Maske gesteigerten Lebens auf. Es geht darum, diese Ich-muss-alles-sofort-haben-um-glücklich-zu-sein-Versprechen als Lüge zu enttarnen und im Maßhalten die eigentliche Würze des Lebens zu erkennen. Es ist wie bei simplen Vorgängen, zum Beispiel dem Essen: Man muss ein Gefühl dafür entwickeln, wann man satt ist. Zum Maßhalten und zum Genuss gehört auch Verzicht. Der ist, aus der Sicht der Kenner, nämlich dafür da, das Vergnügen an den Dingen zu steigern. » Zeichnen heißt Weglassen «, sagte der Maler Max Liebermann. » Auch Leben heißt Weglassen «, sagt die schon erwähnte Hanna-Barbara Gerl-Falkovitz. Leben, fordert meine Lieblingsphilosophin, muss befreit sein von der Angst, beschnitten zu werden und eingeengt zu sein. Sie favorisiert, das Leben » als Gabe zu leben «.

» Sein Leben nicht als Habe, sondern als Gabe leben «, schreibt sie, » setzt voraus, das eigene Dasein nicht selbstverständlich, habgierig, neidisch, gefräßig hinzunehmen, sondern es immer wieder erneut als staunenswert zu erfahren. « Die Erkenntnis, dass wir mit unserer nimmersatten Art auf Abwege geraten sind, dass es nicht nur zur Zerstörung unseres Lebensraums sondern letztlich sogar zur Entwertung aller Werte führt, wenn man immer alles on-demand zur Hand hat und alles was wächst, kreucht und fleucht immer gedankenlos verschlingen muss, liegt eigentlich auf der Hand. Der in Ungarn geborene kanadische Mediziner Gabor Maté, der weltweit führende Experte für die Behandlung von Suchtkranken, sagte, was unsere Sucht nach Konsum angeht, in einem Interview mit dem britischen Comedian, Autor, Aktivisten und YouTube-Star Russell Brand übrigens etwas Faszinierendes. Auf Englisch hört es sich sehr viel Eloquenter an, am besten hören Sie sich das Gespräch, in dem er auch ein paar sehr lustige Dinge über Persönlichkeitsstörungen von Menschen wie Donald Trump sagt, in voller Länge an (Folge #053 von Russell Brands Podcast » Under The Skin «). Er sagt: » Wenn man unsere Welt verstehen will, muss man eigentlich versuchen, die Perspektive eines Anthropologen anzunehmen, also die Perspektive von jemandem, der uns von außen betrachtet. Was für eine Gesellschaft würde zum Beispiel jemand sehen, der vom Mars kommt? Eine, die künstliche Bedürfnisse schafft und die ihre eigentlichen Bedürfnisse, jene der Seele, vernachlässigt. Der schlichte Grund dafür ist, dass ein großer Teil unserer Wirtschaftsordnung nur dadurch funktioniert, uns Bedürfnisse, die wir eigentlich gar nicht haben, einzureden.« Jeder Mensch, sagt der Suchtexperte, auch die sogenannten normalen Menschen, haben irgendwelche Traumata in ihren Gliedern und bezahlen die mit versteckten, seelischen Wunden, oft (und hier kommt Donald Trump ins Spiel) sind Leute mit besonders ausgeprägten Wunden sogar ausgesprochen erfolgreich. »Wir leben in einer Gesellschaft, die darauf aufgebaut ist, unsere seelischen Wunden mit Konsum zu betäuben, unser Wirtschaftssystem lebt davon, dass wir Dinge konsumieren, die uns vorübergehend Befriedigung verschaffen, uns aber langfristig schaden«, sagt Maté, »der Konsumismus funktioniert nur mit dem Denken eines Süchtigen, also der Mentalität, dass ich unter Defiziten leide, die nach einem ›Fix‹ von Außen verlangen, um betäubt zu werden.«

Wenn man das kapiert, dann führt das fast automatisch zu dem, was alle »Umdenken« nennen, eine völlig neue Sichtweise auf die Welt, ein Auswechseln der Linse, durch die man Realität wahrnimmt. Das ist zunächst verwirrend fürs Gehirn, aber Verwirrung regt das Wachstum von Synapsen im Gehirn an, ist also durchaus willkommen. Das führt dann auch zu mehr Verantwortungsbewusstsein und Lebensfreude und zu Respekt und Ehrfurcht vor allem Lebenden. Und nicht zu Angst. Wir können, lehrt übrigens Thomas von Aquin, aus der Welt kein Paradies machen, aber wir sind dazu verpflichtet, so gut es geht an ihrer Reparatur zu arbeiten, in vollem Bewusstsein, dass wir das mit unseren Maßnahmen immer nur behelfsmäßig können.

Bei dieser Gelegenheit gilt es auch, daran zu erinnern, dass wir bei unseren Behelfsmaßnahmen zum Teil gar nicht so schlecht abschneiden. Uns ist zum Beispiel gelungen, ganze Krankheiten auszurotten. Der Poliovirus, der Kinderlähmung auslöst, der vor ein paar Jahren noch fast eine halbe Million Menschen befiel, ist fast ausgerottet worden. Auch Pocken gibt es nicht mehr. Zu Beginn der Industrialisierung lebten 80 bis 90 Prozent der Weltbevölkerung in Armut, heute nur noch 20 Prozent, allein innerhalb der vergangenen 30 Jahre konnte die Zahl der nach UNO-Maßstäben in absoluter Armut lebenden Menschen (Maßstab ist, maximal 1,90 Dollar täglich zur Verfügung zu haben) halbiert werden. Wir haben mittlerweile den Punkt erreicht, dass auf der Welt mehr Menschen an Übergewichtigkeit als an Unterernährung (2,1 Milliarden versus 850 Millionen Menschen) leiden. Die Lebenserwartung eines Neugeborenen lag zum Beginn der Industrialisierung bei 30 Jahren. Heute liegt sie bei 72 Jahren.

Uns geht es gut. Vielleicht sogar einen Tick zu gut. Jetzt geht es darum, den Schaden an unserem Ökosystem, der mit unserem wachsenden Wohlstand schicksalhaft verknüpft ist, in den Griff zu kriegen. Bei allen Mühen, um das hinzukriegen, dürfen wir aber nicht so tun, als wäre das Klimathema die alleinige Schicksalsfrage unserer Zeit, und Themen wie Armut, Krankheit oder Hunger ignorieren. Man soll bitte nicht meinen, dass mit ökologischem Gewissen schon alles getan ist. Um noch einmal meinen Freund Franziskus zu zitieren: »Die Königsdisziplin des Gewissens bleibt der direkte Umgang mit den Anderen und vor allem mit den Armen. Man kann nicht den Nächsten lieben, ohne die Umwelt in den Blick zu nehmen. Man kann aber sehr wohl gegenüber der Umwelt ein Heiliger sein, aber seinen Nächsten hassen. Mit anderen Worten: Der ökologisch Heilige kann menschlich ein ziemlicher Arsch sein.« Es muss also darum gehen, den Mitmenschen, den Mitgeschöpfen *und* dem Klima Aufmerksamkeit zu schenken. Bei alldem fällt der Elite die entscheidende Rolle zu.

Damit sind SIE gemeint!

Natürlich zählen Sie sich selbst nicht zu »den Eliten«. Eliten sind immer die anderen. Wie Touristen. Aber allein schon, dass Sie bequem sitzen und Zeit haben, ein Buch zu Ende zu lesen, beweist, dass Sie zur Elite gehören. Ihre, meine, unser aller Rolle ist es, unsere Verantwortung als Vorbilder anzunehmen. Wenn wir vorleben, dass Maßhalten in Leben und Konsum sowie Respekt gegenüber der Natur und unseren Mitgeschöpfen angesagt sind, dann *sind* sie angesagt. Und wenn das, was einst als Luxus galt – Vielfliegerei, Protzerei, obsessiver Knopfdruck-Konsum zum Beispiel –, von uns verpönt ist, dann *ist* es démodé. Wenn wir so leben, dass ressourcen- und umweltbewusstes Handeln begehrenswert aussieht, werden andere es uns nachmachen.

Wie wäre es also mit kleineren großen Zielen? Statt den Lauf der Welt und gleich das ganze Klima zu ändern, vielleicht erst einmal selbst hinter sich aufräumen und für weniger Müll, Schall und Rauch sorgen.

Glossar

A

Außenpolitik

Der Staats- und Umweltrechtler Dietrich Murswiek sagt, Europas ehrgeizige Klimaziele würden vor allem darauf hinauslaufen, dass wir irgendwann als » Moralweltmeister « dastünden, an der weltweit ausufernden Umweltverschmutzung verändere das aber wenig. Man würde mit massiven europäischen Investitionen in Solar- oder Wasserkraftwerke in Afrika, Südamerika oder Asien ungleich mehr CO_2-Emissionen einsparen als durch Maßnahmen bei uns zu Hause. Andererseits sieht sich Europa natürlich als eine Art Vorbild für die ganze Welt. Und wenn man das Räume-erst-mal-bei-dir-selbst-auf-Gesetz zugrunde legt, ist Europas » Green Deal « schlüssig. Das heißt aber trotzdem, dass – wenn die Lage tatsächlich so ernst ist, wie behauptet wird – der Blick über den Tellerrand viel entscheidender ist. Eigentlich müsste dies die Stunde der Entwicklungshilfeminister sein, von denen man so erstaunlich wenig hört. Warum hat zum Beispiel noch nie jemand einen » Green Deal «, einen ökologischen Marshallplan, für Afrika ins Spiel gebracht? Großbritannien hat wenigstens den Schritt getan, Entwicklungshilfe- und Außenministerien zu fusionieren. Maßnahmen zur Schonung der Umwelt und zur Senkung der Emissionen in Ländern auf der südlichen Seite des Globus lohnen sich nicht zuletzt auch im Sinne der wirtschaftlichen Entwicklung, der Eindämmung der Armutsmigration und der politischen Stabilisierung.

Avocado

Wenn Johannes Mario Simmel heute noch schreiben würde, müsste sein Erfolgsroman »Es muss nicht immer Avocado sein« heißen – und man würde ihm beipflichten. Natürlich ist Avocado auf Toast, darauf ein Hauch Olivenöl, ein Spritzer Zitrone und vielleicht ein paar Blättchen Koriander, köstlich. Aber man kann nicht lauthals für die Rettung der Welt kämpfen und gleichzeitig für sich beanspruchen, dass für einen kleinen Snack – bildlich gesehen – ganze Stücke aus der Antarktis herausbrechen. Damit eine Avocado auf Ihren Toast kommt, hat sie einen Flug hinter sich, der, wenn Sie ihn selbst antreten würden, das Doppelte Ihres gesamten klimaverträglichen CO_2-Budgets eines Jahres beanspruchen würde. Avocados wachsen zudem in riesigen Monokulturen mit Bewässerungsanlagen, die das Trinkwasser ganzer Regionen verbrauchen. Für ein Kilogramm Avocado (das sind ca. drei Stück) werden rund 1000 Liter Wasser gebraucht. Um die wachsende Nachfrage aus Europa zu bedienen, werden illegal Wälder gerodet. Kurz: Guacamole sollte den Stellenwert von Kaviar haben. Auch das ist ja ein Superfood,

das nur selten, und wenn, dann mit angemessener Feier-
lichkeit, genossen wird.

B

Biohotels

Nachhaltiger Tourismus ist, um die Terminologie der
traditionellen Logik zu verwenden, eine sogenannte *contradictio in adiecto*, ein klassischer Widerspruch
in sich. Ein mit meiner verstorbenen Schwester Maya
befreundeter Deep Ecologist, der Milliardär Sir Jim-
my Goldsmith (sein Bruder Teddy war der Gründer
des internationalen Öko-Leitmediums *The Ecologist*),
kaufte einst ganze Regionen Mexikos auf, mit dem einzigen Ziel, sie vor der Dampfwalze des Tourismus zu
bewahren. Es gibt allerdings ein paar Hotels, die sich
wenigstens strikte Regularien auferlegt haben, um so
etwas wie Nachhaltigkeit und Komfort unter einen
Hut zu bringen. Dazu zählt nicht nur die Maßgabe,
lokale Ökoprojekte zu finanzieren, sondern auch der
Anspruch, lokale Kulturen nicht zu beeinträchtigen.
Ein Beispiel ist »The Farm« im Himalaja, aber auch
das »Bio Kinder- und Familienhotel Gut Nisdorf« in
Nisdorf an der Ostsee. Man findet solche Hotels auf der
Internetseite greenpearls.com.

Biosiegel

Der Begriff »bio« ist durch EU-Recht geschützt. Wo
bio draufsteht ist also auch bio drin. Aber es gibt natür-

lich Unterschiede hinsichtlich der Auflagen. Das » Bio-
land «-Siegel zum Beispiel dürfen nur Lebensmittel tragen, die spezielle Auflagen erfüllen, die weit über die
EU-Öko-Verordnung hinausgehen. Noch strengere Regeln muss beachten, wer das » Naturland «-Siegel trägt,
mit dem neben Lebensmitteln auch Holzprodukte und
Textilien ausgezeichnet werden, deren Hersteller sich
zu einer ganzen Reihe freiwilliger Zusatzleistungen
(z. B. im Naturschutzbereich und in der Transparenz)
verpflichten. Der Rolls-Royce unter den Biosiegeln
im Bereich Nahrungsmittel ist das von Demeter, dem
ältesten und strengsten Anbauverband in Deutschland.
Fairtrade-Siegel sind eine feine Sache, Kleinbauern in
Afrika oder Südamerika, die ihre Unternehmen mit
der Familie betreiben und oft mit der Hand pflücken,
in puncto sozialer Verträglichkeit also das Maß aller
Dinge sein sollten, können sich die Zertifizierung mit
einem Fairtrade-Siegel aber meist nicht leisten.

C

Convenience Food
Klar kann man wohlfeil mit dem Zeigefinger kommen
und daran erinnern, dass unsere Eltern und Großeltern
ihr Essen niemals in Fertigverpackungen gekauft, sondern selbst gekocht haben, und dass man Tomatensoße
oder Mayonnaise auch selbst machen kann. Aber das
geht an der Realität vieler Stadtmenschen vorbei. Es ist
kein Charakterdefizit, wenn man nicht kochen kann,

wenig Zeit hat und gerne Fertigessen kauft. Aber wenn man das tut, kann man wenigstens darauf achten, dass es halbwegs gesund ist und die Verpackung nicht die Ökobilanz einer Erdölstinkbombe hat. Eine empfehlenswerte Option für Fertigessenfreunde ist zum Beispiel die Marke Followfood, die inzwischen in vielen großen Supermarktketten erhältlich ist. Das Besondere an den Followfood-Produkten ist nicht nur, dass sie ohne Plastikverpackungen auskommen und mit sämtlichen Bio-Siegeln versehen sind, man kann den Ursprung von allem, was auf den Teller landet, per Tracking-Code zurückverfolgen. Infos: followfood.de

Cradle to Cradle

Die Grundphilosophie des allen anderen Ökomechanismen überlegenem »Wiege zur Wiege«-Prinzips lautet: Jedes Konsumprodukt und jede Maschine wird so konzipiert, dass ihre Komponenten entweder zerfallen, dem Öko-Kreislauf zurückgeführt werden und so einen positiven ökologischen Fußabdruck hinterlassen oder wiederverwendet werden können. Es gibt bereits hunderte Hersteller, die nach diesem Prinzip arbeiten, es gibt langlebige und reparierbare Küchengeräte von WMF, Grohe macht ganze sanitäre Ausstattungen nach dem C2C-System, die traditionsreiche Ökomarke für Reinigungsprodukte, Frosch, hat sich auch der C2C-Schule angeschlossen. Alle Firmen, die nach diesem Prinzip produzieren und mit einem entsprechenden C2C-Siegel ausgestattet sind, findet man auf der Internetseite c2c-lab.org, in Berlin gibt es einen Showroom, in dem man C2C ansehen, benutzen und ausprobieren kann, vom luftreinigenden, upcyclebaren Teppich bis zum Systembaukasten für Fenster und Türen.

D

Duschen (oder Baden?)

Wasser ist in Deutschland kein knappes Gut. Nur ein Bruchteil des verfügbaren Reservoirs wird überhaupt genutzt. Aufforderungen, den Verbrauch von Wasser zu reduzieren, haben in vielen Regionen zu einem bedrohlichen Steigen des Grundwasserpegels geführt. » Eine politisch geforderte Reduzierung des Wasserverbrauchs ist nicht sinnvoll«, so der Bundesverband der Energie- und Wasserwirtschaft. In Berlin ist der Verbrauch seit der Wiedervereinigung um fast die Hälfte zurückgegangen, Hausbesitzer klagen über immer feuchtere Keller, was wiederum den Pilzbefall fördert und gesundheitsgefährdend ist. Mit jedem Vollbad leistet man somit der Gemeinschaft einen wertvollen Dienst. Ein Problem ist allerdings die Energie, die benötigt wird, um heißes Wasser zu bekommen. Im Schnitt verbraucht ein Haushalt in Deutschland 14 Prozent seiner Energie für Warmwasser. Wer lieber duscht, statt zu baden, dem sei daher ein Sparduschkopf empfohlen, der Luft in den Wasserstrahl mischt. Das Wasser wirkt dadurch weicher (es gibt sogar solche mit eingebautem Kohlefilter, um das Wasser noch zusätzlich zu reinigen), vor allem reduziert sich dadurch aber der Warmwasserverbrauch um fast die Hälfte. Als Beispiel für einen solchen Sparduschkopf sei an dieser Stelle das Modell Nebia erwähnt, das unter anderem Investoren wie Apple-Chef Tim Cook begeistert und den Duschenden angenehmerweise in dampfenden Nebel hüllt. Aus gesundheitlichen Gründen geht übrigens nichts über das kalte Abduschen nach einer heißen Dusche. Das ist wie Jogging und Stretching für die Gefäße und so eine sehr effiziente Prophylaxe für Herz-Kreislauf-Erkrankungen.

E

Energiebedarf

Unser Enthusiasmus für E-Mobilität lässt uns vergessen, dass der Strom, mit dem all unsere emissionslosen Fahrzeuge versorgt werden müssen, nicht einfach aus der Steckdose kommt, sondern irgendwo, irgendwie produziert werden muss. Mindestens ebenso problematisch – nicht nur aus klimapolitischen Gründen – ist unsere wachsende Abhängigkeit von elektrischen Geräten. Das allgegenwärtige Internet ist einer der intensivsten Stromfresser. Die Internetnutzung in Deutschland verbraucht im Jahr 55 Terawattstunden, so viel, wie zehn Kraftwerke im Jahr produzieren können. Allein der Betrieb (und die Kühlung!) der Serverfarmen in Frankfurt verbrauchen mehr als der dortige Flughafen. Weltweit verursacht das Internet 33 Millionen Tonnen CO_2-Emissionen im Jahr. Die Datenmengen werden zunehmen und damit auch der Energieverbrauch. Die schlechte Nachricht: Die digitale Revolution hat gerade erst begonnen. Wenn erst einmal autonomes Fahren, das Internet der Dinge und was sonst gerade in den Kinderschuhen steckt zu unserem Alltag gehören, werden die Datenmengen und die dafür notwendigen energieintensiven Serverfarmen exponentiell zunehmen. Lösungen? Gibt es vorerst nicht. Da ein Drittel des Energiebedarfs von Servern für Kühlung draufgeht, kann man allerdings voraussagen, dass Länder in kühleren Regionen da einen gewissen Standortvorteil besitzen. Ein kleiner Schritt wäre, statt Google die Internetsuchmaschine Ecosia zu benutzen, sie läuft über die Server von Bing und finanziert für jede 45. Suchanfrage einen Baum für Aufforstungsprojekte. So hat Ecosia seit 2009 bereits etwa 80 Millionen Bäume gepflanzt.

F

Flygskam
Von François VI. de La Rochefoucauld stammt der kluge Satz: » Die Heuchelei ist das Kompliment, das das Laster der Tugend zollt. « Schlechtes Gewissen ist also per se erst einmal nichts Schlechtes. Eine Moralvorstellung zu haben, der man nicht immer gerecht werden kann, ist unendlich viel besser als gar keine Moral und dadurch auch kein schlechtes Gewissen zu haben. Man soll also ruhig auch beim Fliegen ein schlechtes Gewissen haben. Es ist ein enormes Privileg des modernen Menschen, so einfach und bequem von A nach B zu

kommen, das selbstverständlich zu nehmen ist gefühllos und dekadent. Angefangen damit haben die Schweden, deshalb hat sich für das Phänomen der Flugscham im allgemeinen Sprachgebrauch auch der schwedische Begriff durchgesetzt. Der schwedische Biathlet und frühere Weltcup- und Olympiasieger Björn Ferry gilt als Vorreiter der »Flygskam«-Bewegung. Als Kommentator für das schwedische Fernsehen hatte er sich von seinem Arbeitgeber ausbedungen, zu Veranstaltungsorten nicht mit dem Flugzeug anreisen zu müssen. Deutschland ist übrigens nach Großbritannien das Land mit der höchsten Zahl an Flugpassagieren in Europa. In den vergangenen zwei Jahren gingen die Passagierzahlen zwar leicht zurück (im Jahr 2018 um 0,8 Prozent, 2019 um 1,9 Prozent), aber die Zahl der Passagiere steigt, wenn man die internationalen Verbindungen einrechnet, dennoch stetig.

Fortpflanzung

Um zu beweisen, dass eine rein rationale Weltsicht abwegig ist, muss man nur eine Kosten-Nutzen-Rechnung für und gegen das Kinderkriegen aufstellen. Aus rein rationalen Gründen ist es absurd, Kinder zu bekommen. Sie machen Arbeit, nehmen einem die Freiheit, verursachen Kosten und Sorgen, und weil man von der Natur quasi gezwungen wird, sie zu lieben, ist der potenzielle Schmerz, den sie auslösen können, etwa weil sie krank werden, ihnen Unheil widerfahren ist oder sie gar vor einem sterben könnten, so enorm groß, dass man aus reinen Vernunftgründen eigentlich dringend dazu raten müsste, sie entweder in Watte gepackt vor der Welt abzuschirmen oder am besten gleich ganz auf sie zu verzichten. Und dennoch sind wir angeblich so vernunftbegabte Wesen nicht davon abzubringen, uns fortzupflanzen. Vielleicht weil eben doch andere Dinge zählen als reine Kosten-Nutzen-Rechnungen? Vielleicht weil Liebe, die es ohne Schmerz nun einmal nicht gibt, eben doch eine Kraft hat, die sich nicht messen und abwägen lässt? Liebe ist streng genommen unvernünftig. Was aber, wenn man eine völlig neue Kosten-Nutzen-Rechnung aufstellt und Kinder plötzlich unter dem Gesichtspunkt ihrer potenziellen Umwelt- und Klimaschädlichkeit betrachtet? Kimberly Nicholas, Professorin für Nachhaltigkeitsstudien an der schwedischen Lund Universität, und Seth Wynes von der University of British Columbia in Kanada haben in einer groß angelegten Studie untersucht, welche persönlich getroffenen Maßnahmen zum Klimaschutz eigentlich am wirksamsten sind. Sie untersuchten die gängigsten Ratschläge und schließen ihre Untersuchung mit vier Kernempfehlungen: das Auto abgeben, nicht fliegen und sich fleischlos ernähren. An erster Stelle steht aber: keine Kinder haben. Anders gesagt: Der effizienteste Weg, unsere Gattung vor der Klima-Apokalypse zu retten, ist, ihr durch Aussterben zuvorzukommen. Das wirft natürlich Fragen auf. Der fundamentalistische Arm der Klimarettungsbewegung heißt »Extinction Rebellion«, was wörtlich übersetzt »Aufstand gegen die Auslöschung« bedeutet. Wenn aber (Selbst-)Auslöschung das eigentliche Ziel der

Öko-Fundis ist, warum rebellieren sie dann dagegen? Folgt man der Logik der Verfechter des Kinderverzichts, müsste sich dann nicht eigentlich jeder einzelne für das Nichtsein entscheiden, statt den Lebensverzicht nach dem Sankt-Florians-Prinzip egoistisch auf die nächste Generation zu schieben? Zu Ende gedacht hat diesen Gedanken bislang meines Wissens nur der Autor Roy Scranton, der, an den Nicholas' und Wynes' Appell anknüpfend, in der *New York Times* schrieb: »Wynes' und Nicholas' Argumente ernst zu nehmen würde bedeuten, sich einzugestehen, dass die einzig wirklich moralische Reaktion auf den Klimawandel darin besteht, sich umzubringen. Es gibt einfach keine effektivere Weise, um den eigenen CO_2-Fußabdruck zu verkleinern. Wenn man tot ist, verbraucht man keine Energie mehr, verbrennt kein Benzin mehr. Wer den Planeten tatsächlich retten will, sollte sterben.« Das Beängstigende an dieser Aussage? Sie ist *nicht* satirisch gemeint.

Fridays for Future
Trotz der Fixierung auf das Thema CO_2 und dem Vorbeisehen an ähnlich dringlichen ökologischen und sozialen Problemen, muss der Bewegung zu Gute gehalten werden, dass sie dem Naturschutzthema, diesem uralten und immer wieder marginalisierten Anliegen, zu einem historischen Durchbruch verholfen hat. Auch die Redekunst ihrer Anführerin ist beeindruckend. Greta Thunbergs berühmte »Wie könnt Ihr es wagen...«-Rede am Rande der UN-Klimakonferenz 2019 wird als eine der großen rhetorischen Meisterwerke der modernen Zeit-

geschichte eingehen, neben »I have a dream…« und »Tear town this wall!«. Und das, obwohl das Gesagte zum Teil Quatsch (siehe Q wie Quatsch) war. Die zentrale Passage ihrer fabelhaft vorgetragenen Rede ist bei Lichte besehen vollends absurd. Sie sagte: »Das hier ist alles falsch, ich sollte hier nicht sein, ich sollte zurück in der Schule sein auf der anderen Seite des Ozeans – aber ihr kommt immer noch zu uns jungen Menschen, um euch Hoffnung zu geben! Wie könnt Ihr es wagen…« Im Kern beschwert sie sich also darüber, dass ihr überhaupt Gehör geschenkt wird.

G

Grillen
Ein Grillabend für acht Personen, für den etwa 400 Gramm Fleisch pro Person zu veranschlagen sind, entspricht CO_2-technisch etwa einer Autofahrt quer durch Deutschland. Nimmt man Fleisch aus Südamerika statt vom Biometzger in der Region, verschlechtert sich die Ökobilanz weiter rapide (siehe R wie Rindfleisch). Holzkohle ist auch ein Problem. Heimische Holzkohle ist so gut wie nicht erhältlich, 99 Prozent unserer Holzkohle wird importiert (wenn man Glück hat aus Polen, wenn man Pech hat aus Südamerika und zwar – jetzt müssen Sie tapfer sein – aus illegal geschlagenen Tropenwäldern). Wenn auf Ihrem Holzkohlesack der Vermerk »Made in Germany« prangt, handelt es sich um Konsumententäuschung, um »Made in Ger-

many« zu sein, genügt es, importierte Kohle mit Rest-
abfällen zu mischen und in Deutschland zu verpacken.
Gibt es eine Alternative? Ja. Bambuskohle. Bambus ist
überhaupt ein fantastisches Holz. Es muss dafür kein
Wald gerodet werden und es wächst schneller als man
schauen kann. Und dann gibt es noch Briketts aus Oli-
ven. Dafür werden nach der Olivenöl-Pressung Kerne,
Schalen und Fruchtfleisch zu Briketts gepresst. Oliven-
briketts verbrennen ist Upcycling in Reinform. Sie
brennen länger als Holzkohle, es gibt weniger Rauch-
entwicklung und ich habe mir sagen lassen, dass das
Fleisch dadurch ein angenehm fruchtiges Aroma erhält.

H

Haare trocknen
Vergessen Sie's! Schon fünfminütiges Föhnen produziert bereits 60 Gramm CO_2. Wer sich die Haare föhnt,
kann auch gleich Fußbodenheizung in der Antarktis
verlegen. Das gute alte Handtuch tut es auch.

Hoffnung
Wir schulden unseren Kindern nicht nur eine intakte
Welt, sondern auch Hoffnung. Ihnen weiszumachen,
dass sie keine Zukunft haben, ist seelische Grausamkeit.

I

Innenarchitektur

Grün wohnen und dennoch die Bequemlichkeiten des
modernen Lebens genießen ist ein uralter Traum. »Ja,
das möchste: Eine Villa im Grünen mit großer Terras-
se, vorn die Ostsee, hinten die Friedrichstraße«, schrieb
Kurt Tucholsky 1927. Mittlerweile gibt es tatsächlich
eine Vielzahl von Firmen, die Material herstellen, mit
dem man seine Wohnung oder sein Haus ökologisch
nachhaltig einrichten kann. Die Firma Adler produziert
Wandfarben aus nachwachsenden Rohstoffen, die Firma
CP stellt luftreinigende Wände her, loll macht Möbel
aus recyceltem Kunststoff, Tarkett produziert Parkett-
böden, die die Luft reinigen, die Firma Grohe bietet
Armaturen und sanitäre Einrichtungen, die nach dem
Cradle-to-Cradle-Prinzip (siehe C wie Creadle to Cradle) hergestellt sind. Theoretisch lassen sich ganze Gebäude nachhaltig und umweltfreundlich bauen. Wer da eine
umfassende Übersicht will, kann sich diese mit einem
Besuch im Bildungszentrum von Cradle to Cradle verschaffen (C2C Lab, Landsberger Allee 99c, 10407 Berlin,
Telefon 030/46775780, Internet: c2c-lab.org)

J

Jahreswechsel

Es hat zwar einen gewissen Reiz, anderen Leuten beim
Geldverbrennen zuzusehen, dieses Vergnügen wird

allerdings nicht durch die Belästigung aufgewogen, die die Böllerei, der Lärm und der zurückgebliebene Müll in der Silvester-Nacht bedeuten. Zu Silvester jagen wir Deutschen nicht nur um die 150 Millionen Euro in die Luft, die an anderer Stelle vermutlich besser investiert wären, wir verursachen damit in einer Nacht rund 4500 Tonnen Feinstaub. Diese Menge entspricht in etwa 15,5 Prozent der jährlich im Straßenverkehr abgegebenen Feinstaubmenge. Außerdem werden die meisten hierzulande verschossenen Feuerwerkskörper aus China importiert, wo diese unter menschenverachtenden Arbeitsbedingungen hergestellt werden. Es gibt deutlich lustigere Methoden, es krachen zu lassen als mit der albernen Böllerei.

K

Klimaabsolutismus

Es gilt in Klimaschutzkreisen fast schon als politisch inkorrekt, Begriffe wie Natur- oder Umweltschutz zu verwenden, es geht nur noch um den Klimaschutz. Aber auch Luftreinheit, die Rettung unserer Gewässer und Meere – und nebenbei auch Themen wie Armuts- und Krankheitsbekämpfung und auch der Schutz von Menschen in vom Klimawandel besonders bedrohten Regionen – verdienen Aufmerksamkeit. Auch Menschenrechte und Menschenwürde sind weiterhin wichtig – sogar aus Klimaschutzperspektive. Wenn sich nämlich nur die westliche, freiheitlich-demo-

kratische Welt dem Klimaschutz widmet und in den
totalitären Staaten, insbesondere jenen in Asien, deren
Wirtschaftskraft stetig steigt, alles politisch beim Alten
bleibt, werden unsere Bemühungen in Seattle, Freiburg
im Breisgau und Kopenhagen kaum einen Unterschied
machen.

Klopapier
Ein Kilo Recyclingtoilettenpapier enthält so viel Koh-
lenwasserstoff, dass 30 Millionen Liter Wasser über
den Grenzwert belastet werden, der entstehende Klär-
schlamm ist so stark verseucht, dass er verbrannt werden
muss. Wer verantwortlich handeln will, müsste eigentlich auf Klopapier verzichten. Keine gute Idee? Dann
bleibt eigentlich nur das Papier der holländischen Gebrüder Van Houtum (»Satino Black«), das wird nicht
nur unter Einsatz von 100 Prozent erneuerbaren Energien und aus 100 Prozent Recyclingpapier hergestellt,
vor allem wird das in der Produktion eingesetzte Wasser intern rezykliert und das Papier kann vollständig
biologisch abgebaut werden und verursacht dadurch
nicht nur keine Schäden, sondern geht als Nährstoff in
den biologischen Kreislauf zurück. Erhältlich ist es unter anderem beim Onlinehändler memolife.de, bei dem
ausschließlich ökologische Produkte verkauft werden.

Kreuzfahrten
Abgesehen davon, dass man bei einer Kreuzfahrt dank
der 37 Mahlzeiten täglich garantiert zunimmt, man
durch die kurz getakteten Aufenthalte in den Häfen

keine der besuchten Städte je kennenlernt, es sich also um die wohl unzivilisierteste Form des Reisens handelt, sind sie aus Sicht des Umweltschutzes unverantwortlich. Ein Kreuzfahrtschiff stößt pro Tag so viel CO_2 aus wie 84 000 Autos, so viel Stickoxide wie 42 100 Autos, so viel Feinstaub wie etwa über 1 Million Autos und so viel Schwefeldioxid wie gut 376 Millionen Autos.

L

Leben, ungeborenes
Auch bio. Auch schützenswert.

Lüften
Wer richtig lüftet, kann dadurch bis zu einer halben Tonne CO_2 jährlich einsparen. Wer seine Fenster permanent in Kippstellung hat und dabei die Heizung anlässt, verbraucht dadurch Unmengen an Energie. Besser: Stoßlüften. Alle Fenster auf einmal für einige Minuten aufreißen, die Luft richtig durchblasen lassen, dann wieder Schotten dicht.

M

Misanthropie
1972 stellten Dennis und Donella Meadows ihre Studie *Die Grenzen des Wachstums* vor. Der Bericht für den Club of Rome gilt heute als eine Art Gründungsdoku-

ment der modernen Umweltbewegung. Die alarmierende Botschaft: »Wenn die gegenwärtige Zunahme der Weltbevölkerung, der Industrialisierung, der Umweltverschmutzung, der Nahrungsmittelproduktion und der Ausbeutung von natürlichen Rohstoffen unvermindert anhält, werden die absoluten Wachstumsgrenzen auf der Erde im Laufe der nächsten hundert Jahre erreicht.« Das war ein wichtiger Weckruf. Allerdings findet man in dem Buch auch Sätze wie: »Die Erde hat Krebs und dieser Krebs ist der Mensch.« Die in solchen Aussagen zutage tretende Misanthropie, also Menschenhass, gehört auch zum Erbe der modernen Umweltbewegung und ist, gelinde gesagt, nicht nur unfreundlich, sondern, historisch gesehen, auch unfair. Schließlich ist die jetzige Situation recht neu für den Menschen. Seitdem es Menschen gibt, mussten sie immer gegen die Natur kämpfen, um zu überleben. Durch diese Ausbeutung haben uns die vorangegangenen Generationen all den Komfort und den Wohlstand erkämpft, den wir heute als selbstverständlich hinnehmen. Das gilt es erst einmal anzuerkennen. Dass der Prozess der Naturbeherrschung so weit geführt hat, dass nun die Zerstörung der Natur droht, ist menschheitsgeschichtlich vollkommen neu. Man sollte der Menschheit die faire Chance geben, diese neue Situation zu meistern, statt sich den Menschen gleich wie ein Krebsgeschwür wegzuwünschen.

Mode

Wo erhält man Mode mit darin verwobenem grünen Ethos? Lange Zeit gab es so etwas interessanterweise fast nur für Frauen. Die Labels, die in puncto Natur- und Tierfreundlichkeit den radikalen Maßstäben der Tierschutzorganisationen standhalten, sind größtenteils auf Frauen und Kinder ausgerichtet, darunter SUSI Studio, Hipsters for Sisters (HFS Collective) und In The Soulshine. Eine der Ausnahmen stellt BraveGentleMan dar. Auf meiner persönlichen Favoritenliste für Öko-Kleidung steht Zue Anna, deren Standard die strengen Tierschutz-Zertifizierungen weit übertrifft. Die Schafe, deren Merinowolle sie für ihre Pullover verwendet, werden nur einmal im Jahr auf liebevollste Weise geschoren (» slow shearing «). Fantastisch ist auch der Laden » 1213bst. « in Berlin-Mitte (Rosa-Luxemburg-Straße, schräg gegenüber vom Babylon-Kino), der von einem US-amerikanischen Hipsterpaar geführt wird. Der Name steht für 1/2 und 1/3, dahinter verbirgt sich ein Prinzip, das aus einem reinen Kauf- ein Tauschgeschäft macht und so unserem Textilüberfluss entgegenwirkt. Wenn man seine Schränke ausmistet, kann man Teile dort zum Verkauf hinbringen, dafür kriegt man dann 50 Prozent Rabatt auf eines der dort angebotenen Vintagekleidungsstücke. Alternativ kann man seine Sachen dort auch nur abgeben und erhält, wenn sie verkauft werden, ein Drittel des Kaufpreises. Die innovativste Designerin, deren Jacken und Pullover ebenfalls höchsten Tierschutzkriterien standhalten, ist die Leipzigerin Nicole Scheller. Sie macht nicht nur ökologisch korrekte Mode, ihre Kleidungsstücke entziehen sich zudem der allgegenwärtigen Video- und Datenüberwachung. Die Musterung darauf simuliert verschiedene Gesichter und überlistet so Gesichtserkennungssoftware, ihre Mäntel sind aus Stoffen, die im Militär als Schutz vor Wärmebildkameras eingesetzt werden.

Moral-Hazard-Effekt

Auf eines muss man gefasst sein: Wenn man einige der Ratschläge zur Schonung der Umwelt und zum Schutz des Klimas befolgt, die in diesem Buch stehen, verschafft man sich ein gutes Gewissen. Und das wiederum verleitet, das lehrt jedenfalls die Psychologie, zur Überzeugung, damit sein Soll erfüllt zu haben. Der Fachbegriff lautet »Moral-Hazard-Effekt«. Man fühlt sich dann derart moralisch überlegen, dass man sich dazu berechtigt fühlt, es an anderer Stelle richtig krachen zu lassen, also zum Beispiel besonders verschwenderisch ist und damit sämtliche positiven Effekte der Einsparungen ins Gegenteil verkehrt. Von jeglichem Glauben an die eigene moralische Überlegenheit ist also dringend abzuraten.

N

Nachtzug

Ein erfreulicher Aspekt der Klimakrise ist die Renaissance des Nachtzugs. Es gibt kaum stilvollere Methoden, zu reisen, und kaum schönere Arten, einzuschlafen, als beim Geräusch über Gleise gleitender Waggons mit seinem regelmäßigen Tack-tack, Tack-tack. Die Deutsche Bahn hat den Betrieb ihrer Nachtzüge vor einigen Jahren eingestellt, ein paar Strecken betreibt seitdem die Österreichische Bahn (ÖBB). Dank des hervorragenden Service der Österreicher und auch dank des gewachsenen Umweltbewusstseins ist die Nachfrage inzwischen so gestiegen, dass die ÖBB ihr Angebot stetig ausbaut. Neben Strecken wie Wien–Zürich und Wien–Amsterdam, Hamburg–München–Wien und Berlin–Zürich ist die Nachtverbindung zwischen Wien und Brüssel hinzu gekommen, Berlin–Brüssel und Barcelona–Zürich sind geplant. Die neue Generation der ÖBB-Nachtzüge sind wirklich durchdachte, futuristische Design-Schmuckstücke. Aus wenig komfortablen *Wagons-lits* sind moderne Abteile mit Schlafkapseln geworden, in denen man – im Unterschied zu früher – als Alleinreisender tatsächlich Privatsphäre hat, dazu kommen Privatabteile, sogenannte Mini Suites, die ideal sind, wenn man zum Beispiel mit Kindern oder in der Gruppe reist. Für Freunde des Slow Travel de Luxe gibt es Schlafabteile, die sich untertags in Privatsuiten verwandeln, inklusive eines eigenen kleinen Waschraums samt WC. Eine Reise im Nachtzug ist nicht nur stilvoller als eine Reise im Flugzeug, sie verursacht auch deutlich weniger CO_2-Ausstoß.

O

Ölkonzerne

Feindbilder sind etwas Feines. Es macht alles einfacher,
wenn sich alle einig sind, wer die Bösen sind. Ganz
vorne liegen in dieser Hinsicht die großen Ölkonzerne. Wenn die Ökoanarchisten von »Extinction Rebellion« in London randalieren, gehören die Konzernzen-
tralen von Royal Dutch Shell und British Petroleum zu
ihren bevorzugten Anlaufstellen. Aber macht man es
sich dadurch nicht zu einfach? Sämtliche westlichen
Energiekonzerne vereinen auf sich, wenn man ihre gesamte Produktion addiert, gerade mal 10 Prozent der
weltweiten Ölförderung. Mutiger wäre es, gegen die
großen Staatskonzerne in Saudi-Arabien und Russland zu demonstrieren, am besten vor Ort. Das wäre
allerdings deutlicher gefährlicher für das eigene Leben als dies an einem sicheren Ort wie London ist, an
dem man sich auch noch dem Beifall der Öffentlichkeit sicher sein kann. Da die Konzernmanager um das
Image ihrer Marken besorgt sind, empfangen sie zudem
Klimaaktivisten äußerst freundlich und laden sie, begleitet von der Weltpresse, zu Gesprächen ein. Da die
westlichen Ölkonzerne auf die Akzeptanz der Gesellschaft (und kritischer Investoren) angewiesen sind, investieren sie zudem in immer größerem Ausmaß in erneuerbare Energien. Die Schuld am Klimawandel vor
allem an westlichen Ölkonzernen festzumachen, ist
daher zu simpel. Öl und Gas werden nicht gefördert,
weil Konzerne Spaß an Umweltverschmutzung haben,

sondern weil Nachfrage danach besteht. Wir sind also die Verursacher von Umweltschäden, die Ölkonzerne sind es nur mittelbar. Während sich unsere westlichen Länder aber tatsächlich langsam von der Abhängigkeit von fossilen Brennstoffen befreien, sind es Länder wie China, in denen die Nachfrage rapide steigt.

Online-Einkauf

Wer im Internet seine Einkäufe erledigt, sorgt dafür, dass der Einzelhandel zugrunde geht, und außerdem kommen online bestellte Waren in der Regel mit einer Menge Verpackungsmüll daher. Wenn man seine Waren schon im Internet bestellt, dann lieber bei memolife.de, dem Öko-Onlinewarenhaus.

P

Pendlerpauschale

Die P. erlaubt es Berufspendlern, sich einen Teil der gezahlten Steuern vom Staat zurückzuholen. Aus sozialen Gründen eine feine Sache, weil die Mietpreise in vielen großen Städten so hoch sind, dass man es sich als Normalverdiener gar nicht leisten kann, in der Nähe seines Arbeitsplatzes zu wohnen. Aus ökologischer Sicht ist die Pendlerpauschale allerdings fatal, da sie die Zersiedelung und damit das Verkehrsaufkommen fördert. Aber sagen Sie das mal jemandem, der in München arbeitet und jeden Tag aus Niederbayern oder dem Allgäu anreist, weil die Mieten in München so hoch sind.

Wenn es der Gesetzgeber also ernst meint mit dem Klimaschutz, müsste er, zum Beispiel durch eine den Wohnungsbau fördernde Politik, dafür sorgen, dass Angebot und Nachfrage in Ballungsgebieten wieder in ein gesundes Verhältnis kommen und Normalverdiener es sich leisten können, in der Stadt zu wohnen.

Privatjet

Je ärmer man ist, desto besser ist die Ökobilanz. Menschen, die nicht im Wohlstand leben, konsumieren weniger und auch ihre Mobilität liegt deutlich unter der von wohlhabenderen Menschen. Je weiter oben man sich auf der sozialen Leiter befindet, desto ausgeprägter ist wiederum das Umweltgewissen. »Umweltfreundliche Waren, vom unbedenklichen Holzspielzeug bis zum fairen Kleidungsstück, sind zum Markenzeichen für besonders wohlhabende Individuen geworden«, so der Philosoph Leander Scholz. In den alpinen Regionen der sozialen Skala befindet sich die wachsende Zahl derer, die die Unbequemlichkeit des kommerziellen Flugverkehrs durch die Buchung von Privatjets umgehen. Täglich finden in Europa mehr als 2000 Starts und Landungen von Privatjets statt, bis zum Jahr 2030 wird, vorsichtigen Schätzungen zufolge, die Zahl auf 3000 ansteigen. Umgerechnet auf einzelne Passagiere verursacht ein Flug mit einem Privatjet pro Kopf mindestens 20-mal so viel CO_2-Emmissionen als ein Flug in einem herkömmlichen Passagierflugzeug. Um ihr schlechtes Gewissen zu beruhigen, steigen Millionäre vermehrt von Anbietern wie Netjets zu angeblich ökologisch verantwortungsbewussten Learjet-Anbietern wie VICTOR um. Diese Firma arbeitet eng mit dem Unternehmen Neste zusammen, das dem Kerosin synthetische Kraftstoffe beimischt, außerdem praktiziert VICTOR das sogenannte » carbon offsetting«, verlangt also von ihren Kunden Ablasszahlungen, die in Aufforstungsprojekte investiert werden. Es versteht sich von selbst, dass es sich dabei lediglich um eine Methode handelt, um das Gewissen der wohlhabenden Klientelen zu entlasten, damit sie noch mehr fliegen können. Ein wirksamerer Beitrag zum Klima- und Umweltschutz wäre, wenn sich Superreiche die Erniedrigung gefallen lassen würden, sich aus den General-Aviation-Bereichen der Flughäfen hinauszubewegen und sich wieder mit uns in die Schlange einreihen würden.

Q

Quatsch

Noch einmal zurück zu Greta Thunbergs berühmter Rede am Rande des UN-Umweltgipfels 2019 in New York (siehe auch F wie Fridays for Future) und dem Quatsch, den sie dort gesagt hat. » Ihr habt mit euren leeren Worten meine Träume und meine Kindheit gestohlen!« Wirklich? Es ist das Recht der Jugend, die Älteren an ihre Verantwortung zu erinnern, damit wir ihnen eine lebenswerte Welt hinterlassen. Aber die Behauptung mit der gestohlenen Jugend ist blanker Unsinn. In der Urgroßelterngeneration Gretas starb in Europa noch etwa jedes fünfte Kind, bevor es dem Säuglingsalter entwachsen war. Heute liegt die Kindersterblichkeit in Schweden nahezu im Promillebereich. Greta führt ein Leben, das sich ihre Urgroßeltern nicht hätten träumen lassen können. Zugang zu sauberem Wasser, universelle medizinische Versorgung, soziale Absicherung. » Ihr habt mir die Kindheit gestohlen « klingt aus dem Munde eines im Wohlstand Schwedens aufgewachsenen Mädchens weltfremd und arrogant. Würde das ein Kind in Tunesien, Syrien oder der inneren Mongolei sagen, das ohne Strom, ohne fließendes Wasser und ohne Zugang zu ärztlicher Versorgung aufwächst, wäre es plausibler. Allenfalls als unterschwellige Botschaft an ihre Eltern wäre dieser Satz nachvollziehbar. Wer einen wirklich überzeugenden Appell für den Schutz der Natur hören will, dem empfehle ich einen des Philosophen Louis C. K., der sich als Comedian ausgibt und als solcher durch seinen Umgang mit Frauen unangenehm aufgefallen ist. Dennoch ist sein Appell hörenswert. Man findet ihn, wenn man auf YouTube » Louis CK – Indians, White People and God's Earth « eingibt.

R

Rindfleisch

Etwa ein Fünftel aller Treibhausgasemissionen der Welt entstehen durch die Nahrungsmittelindustrie. Der größte Klimaschädling ist das Rindvieh. Deren ausgepupstes Methan ist um ein Vielfaches schädlicher als das gefürchtete CO_2. Wer sein Gewissen beruhigt, indem er nur Rindfleisch vom Bio-Bauern kauft, verschlimmert das Problem sogar, da Biorinder länger leben als konventionell gehaltene Rinder, also auch mehr Methan emittieren.

Rolex

Selbst Luxusfirmen wie der Uhrenhersteller Rolex zeigen inzwischen ein ökologisches Gewissen. Mit ihrer Initiative » Perpetual Planet « unterstützt die Firma Wissenschaftler, die neuartige Umweltschutzansätze erforschen.

S

Seife

Selbermachen? Das ist was für Ökoprofis. Man darf ruhig auf Fertigprodukte zurückgreifen. Viele Kosmetikfirmen haben schon frühzeitig soziale und ökologische Verantwortung entdeckt, um sich von den großen Konzernen zu unterscheiden. Man kann das als Marketingmaßnahmen abtun, aber wenn sich diese Firmen wirklich Mühe geben, verantwortungsvoller mit natürlichen Ressourcen umzugehen, warum sollte man sie durch seine Konsumentscheidungen nicht unterstützen? Die Produkte der Firma Lush zum Beispiel sind so teuer, dass man mit dem Geld für ein Stück Seife eine Familie in Bangladesch eine Woche ernähren könnte,

aber sie sind wirklich gut. Außerdem unterstützt Lush
die bereits erwähnte » Plastic Bank « des Unternehmers und Philanthropen David Katz, die Menschen in
Entwicklungsländern durch finanzielle Anreize dazu
bringt, ihren Plastikmüll nicht einfach wegzuschmeißen. Allein deshalb kann man deren Produkte guten
Gewissens empfehlen und nutzen.

Smartphone
Allein die Herstellung eines einzigen Smartphones verursacht mehr als 60 Kilogramm CO_2, die Gewinnung
der dafür notwendigen Seltenen Erden (unter anderem
Gold, Kobalt, Zinn) ist derart problematisch, dass, wer
ein Smartphone nutzt (also jeder) eigentlich jegliche
grüne Glaubwürdigkeit vergessen kann. Es ist eigentlich ein wenig so, als würde man mit Elfenbeinschmuck
behangen durchs Leben gehen und gleichzeitig für Tier-
schutz eintreten. Seltsam, dass noch keiner der großen
Hersteller auf die Idee gekommen ist, ein Smartphone
auf den Markt zu bringen, bei dem ein gutes Gewissen
im Kaufpreis inbegriffen ist. Bis es so weit ist, kann
man allerdings auf die Smartphones der Firma Fairphone ausweichen. Das mit dem Betriebssystem And-
roid versehene Fairphone 3 ist technisch auf dem neuesten Stand, im Gegensatz zu anderen Geräten erlaubt
die modulare Bauweise aber, das Fairphone zu zerlegen
und zu reparieren. Vor allem werden ausschließlich Seltene Erden aus konfliktfreien Regionen verbaut, die
chinesischen Fabrikarbeiter, die es zusammenbauen,
werden überdurchschnittlich bezahlt und es wird vom

Hersteller, wenn man ein neues kauft, zurückgenommen. Fairphone unterstützt zudem Recyclingprojekte in Ghana. Auf der Internetseite fairphone.com findet man Bezugsquellen.

T

Tätowierungen

Wenn selbst Kevin-Prince Boateng, dessen Körper reichlich verziert ist, heute sagt, er wünsche, er hätte sich nie tätowieren lassen, ist das ein deutliches Zeichen. Verblüffend ist, dass insbesondere ausgesprochen progressive und Gesundheits- und Naturthemen gegenüber aufgeschlossene Menschen bei den Giftstoffen, die in Tattoo-Tinte enthalten sind, wegsehen. Schwarze Tätowiertinte enthält zum Beispiel neben Ruß polyzyklische aromatische Kohlenwasserstoffe (PAK), die als krebserregend gelten. Auf Biokost zu bestehen und gleichzeitig Tattoos zu haben ist ein bisschen so, als ob man als Konsument von Crystal Meth von der antioxidantischen Wirkung von Kurkuma-Weizengrass-Smoothies schwärmt.

Teppich

Für Ökoprofis kommen eigentlich nur Teppiche der holländischen Firma Desso infrage. Deren Teppiche und Fußbodenbelege sind nicht nur aus umweltfreundlichen Materialien und C2C-zertifiziert, sie filtern sogar Feinstaub und sogenannte flüchtige organische Verbindungen (VOCs), die in Farben oder Plastik etc. enthalten sein können, aus der Raumluft.

U

Urlaubsziele

Es muss nicht immer Malle sein. Meine persönlichen Lieblingsurlaubsorte in Deutschland sind: der Hochschwarzwald, die Route entlang des ehemaligen Limes-Grenzwalls (Infos: www.limeswanderweg.info), als Stadtreiseziel Regensburg (schöner als Prag, dafür weniger Touristen) mitsamt Umgebung (Walhalla, Kloster Weltenburg), die Region um den Tegernsee, das Elbsandsteingebirge, natürlich Nordfriesland (Büsum sei genannt), und eigentlich ganz Schleswig-Holstein (die Landschaft an der Schlei zum Beispiel oder die Gegend um den Selenter See).

V

Verschwendung

Es ist ein Fortschritt, dass gutes Essen und Trinken inzwischen für jedermann erschwinglich ist. 1950 gab jeder deutsche Haushalt noch mehr als die Hälfte seines Einkommens für Lebensmittel aus, heute sind es nur noch rund 10 Prozent. Eine Folge ist aber, dass jedes Jahr 18 Millionen Tonnen Lebensmittel im Müll landen. Alfred Draxler schreibt zu diesem Thema, wie

fabelhaft es sei, dass die alleinerziehende Kranken-
schwester, wenn sie müde nach Hause kommt, ein
preiswertes Schnellgericht in die Mikrowelle schieben
kann, aber er sagt auch, dass die einfache Verfügbarkeit
preiswerter Lebensmittel zur Verschwendung verführt.
Seine Mutter habe dagegen überzähliges Obst und Gemüse noch »eingeweckt«, also Früchte in einem Glas
für den Winter haltbar gemacht. Schon das Wort sagt
einem heute nichts mehr. Er schließt seinen Text mit
den Worten: »Wir müssen über unseren Umgang mit
Lebensmitteln reden! Die Rahmenbedingungen, die
die Politik aufstellen muss, sind das eine. Was wir kaufen und wie wir mit Essen und Trinken umgehen, das
liegt an uns.«

Virtue Signalling
Angeberei mit zur Schau getragener Tugendhaftigkeit.
Tugendstolz. Der Mann, der für sich beansprucht, den
Begriff erfunden zu haben, ist der Kolumnist der englischen Wochenzeitschrift *The Spectator*, James Bartho-
lomew, er erklärte den Begriff in einem Essay so: »Es
handelt sich um Camouflage. Meistens erschöpft es sich
darin, dass man laut zum Ausdruck bringt, was man
ablehnt. Dadurch, dass man seine Ablehnung für etwas kundtut, lenkt es auf gekonnte Weise davon ab, was
man eigentlich sagen will – wie tugendhaft man sich
fühlt. Wer beispielsweise ehrlich wäre und sagen würde
›Mir ist Umweltschutz sehr viel wichtiger als den meisten Menschen‹, würde damit zu Recht anecken. Also
gibt man damit an, was man ablehnt, und erhebt sich

ein Tick subtiler über andere.« In Deutschland funktioniert Tugendstolz naturgemäß etwas weniger subtil. Ein gutes Beispiel: die Stadt Vilshofen. Wer dort nach einem Katalog umweltfreundlicher Verhaltensweisen lebt (unter anderem kein Auto, Nutzung von erneuerbaren Energien usw.) bekommt Punkte. Wer 150 Punkte erreicht hat, erhält als Belohnung eine grüne Hausnummer.

Vorhänge zuziehen

Manchmal sind Klimaschutzmaßnahmen ganz einfach. Da Fensterglas Wärme nach Außen abgibt, verringert man die Heizkosten und CO_2-Ausstoß ganz signifikant, wenn man öfter mal die Vorhänge zuzieht oder Jalousien verwendet.

W

Weihnachtsbaum

Wahrscheinlich hätte sich das Christentum nie in Europa durchgesetzt, wenn man unseren bärtigen Vorfahren einfach ihre lieb gewonnenen Feste und Symbole weggenommen hätte. Man beließ es also bei den Festen, deutete sie allerdings christlich um. Der Christbaum ist vor allem eine deutsche Tradition. Ist es nicht verblüffend, wie wir alle zu Weihnachten andächtig vor einem Baum stehen? Eigentlich nicht. Bevor wir (halbwegs) christianisiert waren, wurden in unseren Breiten Baumriesen als heilig verehrt. Luther lehnte deshalb die Weihnachtsbaum-Tradition ab. Weihnachtsbäume wurden aus evangelischen Kirchen verbannt. Dadurch wurde der geschmückte Baum aber erst recht populär. Weil wir ihn uns nicht nehmen lassen wollten, stellten wir ihn halt zu Hause auf. Erst das Verbot und unser Trotz haben dazu geführt, dass nun die meisten Deutschen (70 Prozent) einen Weihnachtsbaum zu Hause haben. Das neu erwachte Umweltbewusstsein könnte dazu beitragen, dass wir uns Luthers Abneigung endlich zu Eigen machen. Wie soll man denn rechtfertigen, dass Jahr für Jahr Abermillionen unschuldige Bäume in Skandinavien gefällt werden, nur um anschließend in unseren überheizten Wohnungen zu verdorren und nach ein paar Tagen wieder entsorgt zu werden? Bevor wir uns also mit unangenehmen Fragen quälen (Ist der aus regionalem Anbau? Sollte man den Baum nicht eigentlich mitsamt Wurzeln leihen und später wieder einpflanzen?) ist es einfacher, ganz darauf zu verzichten. Ein paar Nordmanntannenzweige, gekonnt mit Weihnachtsschmuck in eine Vase gesteckt oder auf dem Gabentisch drapiert, tun es auch.

Werbelügen

Der Grund, warum wir in der Werbung so dreist belogen werden, ist ganz einfach: » Der Markt ist extrem übersättigt. Wir haben viel mehr Angebot, als wir konsumieren können. Das setzt Produzenten und den Handel unter enormen Konkurrenzdruck. Um weiterhin Gewinne steigern zu können, werden Produkte als besonders edel, hochwertig oder gesund vermarktet «,

sagt Manuel Wiemann von der Konsumentenschutz-
organisation Foodwatch.

X

XXL
Wenn wir uns darauf einigen könnten, dass nicht mehr
alles – die Essensportionen, die Autos, die Wohnung –
im XXL-Format sein muss, wären wir schon einen großen Schritt weiter.

Y

Yachting
Motorjachten, lange die bevorzugte Methode für Super-
reiche, ihren Wohlstand zu demonstrieren, sind längst
passé. Der Markt hat mit ökologisch vorbildlichen
Segelschiffen reagiert, die dazu geeignet sind, Wohl-
stand *und* Umweltbewusstsein nach außen zu tragen.
Führend in dieser Kategorie ist momentan der russische
Milliardär Andrej Melnitschenko, der sich in Kiel die
» Sailing Yacht A « bauen ließ. Das Design stammt von
Philippe Starck, sie ist 143 Meter lang, die Segelfläche
entspricht etwa einem halben Fußballplatz. Laut dem
Deutschen Boots- und Schiffsbauerverband legen im-
mer mehr Schiffseigner großen Wert darauf, dass ihre
Schiffe umweltfreundlicher dahersegeln. Sie produ-
zieren ihren eigenen Strom und ihr eigenes Süßwasser.

» So eine Jacht muss man sich vorstellen wie eine Klein-
stadt, in die man oben Diesel reinkippt «, so der Ver-
bandsgeschäftsführer. Denn für längere Flauten werden
natürlich Dieselmotoren benötigt. Mit alternativen An-
triebsarten für die Schifffahrt wird erst experimentiert.

Z

Zimmertemperatur
Der größte Energieschlucker in Privathaushalten ist die
Heizung. 84 Prozent des Energieverbrauchs im Haushalt gehen auf das Konto von Heizung und Warmwasser. Wer in den kalten Monaten, statt die Heizungen mit voller Wucht aufzudrehen, Pullover trägt und
in Kauf nimmt, dass die Temperatur nur 1 Grad unter
der gewohnten Temperatur liegt, leistet damit einen signifikanten Beitrag zur Verbesserung seiner Klimabilanz.

Zusammenrücken
Ein Vorteil der ökologischen Krise ist, dass erst durch
sie wirklich deutlich geworden ist, dass es so etwas wie
ein » gemeinsames menschliches Haus « gibt, dass die
Herausforderungen über Ländergrenzen hinweg gelöst
werden müssen. Das zwingt die Staaten in einer Art
und Weise zu kooperieren, wie das noch nie der Fall
war. Ist das nicht eine gute Nachricht?

ALEXANDER VON SCHÖNBURG, Jahrgang
1969, war u. a. Redakteur der *FAZ*, Kolumnist bei
Vanity Fair und Chefredakteur von *Park Avenue*,
seit 2009 schreibt er für *BILD*. Seine Bücher *Die
Kunst des stilvollen Verarmens* (2005), *Smalltalk* (2015),
Weltgeschichte to go (2016) und *Die Kunst des lässigen
Anstands* (2018) waren Bestseller. Alexander von
Schönburg lebt mit seiner Familie in Berlin.

Heldenhaft im Alltag

ALEXANDER VON SCHÖNBURG
DIE KUNST DES LÄSSIGEN ANSTANDS

27 ALTMODISCHE TUGENDEN FÜR HEUTE

Alexander von Schönburg

Die Kunst des lässigen Anstands

27 altmodische Tugenden für heute

Piper Taschenbuch, 368 Seiten
€ 12,00 [D], € 12,40 [A]*
ISBN 978-3-492-31632-3

Wir leben in einem Zeitalter der Beliebigkeit und Selbstsucht. Überall gilt »ich zuerst«, alles ist erlaubt, jeder will sich selbst optimieren, so wird übertrumpft, gedrängelt, auf Facebook gepöbelt. Doch auf diese Weise wird unser Zusammenleben höchst unangenehm, und wir steuern geradewegs in den Untergang.

Alexander von Schönburg plädiert für mehr Anstand, für Werte und Tugenden, die lange altmodisch erschienen und heute wieder aktuell sind. Dem »anything goes« der auf Selbsterfüllung, Vergnügen und Konsum getrimmten Gesellschaft stellt er die neue Ritterlichkeit gegenüber. Denn nobles Verhalten macht das Leben erst schön.

»Ein auf charmante Weise subversives Buch.« Prof. Volker Mertens, FU Berlin

Leseproben, E-Books und mehr unter www.piper.de

PIPER

*Cover- und Preisänderungen vorbehalten